DAYTRADING
FÜR EINSTEIGER

10.000€/MONAT
ULTIMATIVER LEITFADEN

WIE MAN IN KÜRZESTER ZEIT
ERFOLGREICH AN DER BÖRSE HANDELT
BEWÄHRTE STRATEGIEN, UM MAXIMALE
PROFITE ZU ERZIELEN

KARL WESTBROCK

ISBN: 978-3-98935-566-8
Lucid Page Media (ein Imprint der Orbita Media GmbH)
Ericusspitze 4
20457 Hamburg
Deutschland
kontakt@lucidpagemedia.de

INHALTSVERZEICHNIS

WAS IST DAYTRADING?

Willkommen in der Welt des Daytradings, einem faszinierenden Bereich des Finanzmarktes, der sowohl große Chancen als auch Herausforderungen bietet. Daytrading, die Praxis des Kaufs und Verkaufs von Finanzinstrumenten innerhalb eines einzigen Handelstages, zieht Menschen aus aller Welt an, die bereit sind, ihr Verständnis der Märkte zu vertiefen und ihre Handelsfähigkeiten zu schärfen. Diese Einleitung zielt darauf ab, Ihnen einen umfassenden Überblick über das Daytrading zu geben. Wir werden die Grundlagen erläutern, wichtige Fachbegriffe einführen und erklären sowie einen Einblick in die notwendigen Werkzeuge und Strategien bieten, die erfolgreiche Daytrader anwenden. Unser Ziel ist es, Ihnen das notwendige Wissen an die Hand zu geben, damit Sie mit Vertrauen in die Welt des Daytradings einsteigen können.

Daytrading unterscheidet sich von anderen Handelsformen durch seine Schnelllebigkeit und die Notwendigkeit einer kontinuierlichen Aufmerksamkeit während der Handelszeiten. Es erfordert nicht nur ein tiefes Verständnis der Märkte und ihrer Mechanismen, sondern auch die Fähigkeit, schnell zu reagieren und Entscheidungen unter Druck zu treffen. In diesem Buch werden wir diese Aspekte detailliert behandeln, von der Analyse und Interpretation von Marktdaten bis hin zur Entwicklung effektiver Handelsstrategien.

Einsteiger im Daytrading stehen oft vor der Herausforderung, die Flut von Informationen zu navigieren und die Grundlagen zu verstehen, die für einen erfolgreichen Handel notwendig sind. Dieses Buch ist speziell darauf ausgerichtet, Ihnen einen klaren und strukturierten Weg durch die komplexe Welt des Daytradings zu weisen. Mit Schritt-für-Schritt-Anleitungen, erklärten Fachbegriffen und praktischen Tipps wird dieses Buch zu Ihrem Wegweiser auf dem Weg zum erfolgreichen Daytrader.

Wir beginnen unsere Reise mit einem Blick darauf, was Daytrading wirklich ist, welche Werkzeuge Sie benötigen und wie Sie Ihren Handelstag strukturieren sollten. Indem wir die Grundlagen festigen, schaffen wir eine solide Basis für die weiterführenden Themen, die in den folgenden Kapiteln behandelt werden.

Begleiten Sie uns auf dieser spannenden Reise in die Welt des Daytradings. Es ist Zeit, Ihr Potenzial als Trader zu entdecken und die Fähigkeiten zu entwickeln, die Sie benötigen, um in diesem dynamischen Umfeld erfolgreich zu sein.

Vorteile des Daytradings

Daytrading, der kurzfristige Handel mit Wertpapieren innerhalb eines Tages, bietet spezifische Vorteile, die es von anderen Handelsstrategien unterscheidet. Einer der Hauptvorteile ist die Möglichkeit, Positionen innerhalb eines Handelstages zu eröffnen und zu schließen. Diese schnelle Umschichtung ermöglicht es Tradern, flexibel auf Marktbewegungen zu reagieren und aus kleinen Preisänderungen Profit zu schlagen.

Diese Art des Handels begrenzt das Risiko nächtlicher Marktschwankungen, die durch unvorhergesehene Ereignisse oder Nachrichten außerhalb der Handelszeiten verursacht werden können. Zudem bietet Daytrading die Möglichkeit, durch den Einsatz von Hebeln (Leverage) die Kapitaleffizienz zu erhöhen. Trader können somit mit einem relativ geringen Kapitaleinsatz signifikante Positionen im Markt bewegen. Es ist jedoch wichtig, das damit verbundene höhere Risiko zu beachten und ein effektives Risikomanagement zu praktizieren

Sollte es dennoch zu rapiden Kursänderungen innerhalb eines Tages kommen, ermöglicht Daytrading ein effektives Risikomanagement durch die Option, Positionen schnell zu schließen und so Verluste zu minimieren. Diese Fähigkeit, rasch auf Marktveränderungen zu reagieren, ist ein entscheidender Vorteil gegenüber langfristigen Anlagestrategien.

Auch wenn Daytrading durch die Fokussierung auf kurzfristige Marktbewegungen in einigen Fällen als weniger riskant wahrgenommen wird, ist es dennoch mit erheblichen Risiken verbunden.

Zwar sind extreme Kursstürze innerhalb eines Handelstages ungewöhnlich, sie können jedoch nicht gänzlich ausgeschlossen werden. Daher ist es wichtig zu betonen, dass Daytrading, wie jeder spekulative Handel, ein fundiertes Wissen und eine sorgfältige Risikoabschätzung erfordert.

Effektives Risikomanagement

Ein wesentlicher Vorteil des Daytradings liegt in der Fähigkeit, ein effektives Risikomanagement umzusetzen. Trader haben die Möglichkeit, Positionen schnell zu schließen, um Verluste zu minimieren, wenn der Markt sich gegen ihre Erwartungen bewegt.

Diese Flexibilität im Risikomanagement bietet einen entscheidenden Vorteil gegenüber langfristigen Anlagestrategien, bei denen Positionen über längere Zeiträume gehalten werden.

Daytrading mit Aktien

Das Daytrading mit Aktien ist besonders dynamisch und spannend. Besonders im Bereich der Technologieaktien ist der Markt für Privatanleger leicht zugänglich und durch hohe Liquidität gekennzeichnet.

Diese Liquidität ermöglicht es Daytradern, effektiv auf kurzfristige Kursbewegungen zu reagieren, sei es bei Kursanstiegen oder - rückgängen. Im Vergleich zu komplexeren Märkten wie Währungen oder Rohstoffen sind Aktien für viele Anleger leichter zu verstehen und zu verfolgen, was sie zu einer attraktiven Option für Daytrading macht.

Betrachtung der Risiken

Trotz der Vorteile ist es wesentlich, die Risiken des Daytradings zu erkennen. Die Konzentration auf kurzfristige Marktbewegungen und die Nutzung von Hebeln können, während sie Chancen erhöhen, ebenso das Risiko signifikanter Verluste verstärken. Extreme Kursstürze innerhalb eines Handelstages, obwohl ungewöhnlich, sind nicht ausgeschlossen und erfordern eine sorgfältige Überwachung und ein proaktives Risikomanagement.

Zusammenfassend bietet Daytrading einzigartige Möglichkeiten für Trader, die bereit sind, sich intensiv mit den Märkten auseinanderzusetzen und schnelle Entscheidungen zu treffen.

Die erfolgreiche Anwendung dieser Handelsform erfordert jedoch nicht nur ein tiefes Verständnis der Marktmechanismen und -instrumente, sondern auch eine disziplinierte Anwendung von Risikomanagement-Strategien.

DIE CHARTANALYSE IM DAYTRADING

Die Chartanalyse bildet das Fundament des Daytradings und stützt sich auf die detaillierte Untersuchung von Preisverläufen und Marktverhalten. Durch das Erkennen markanter Chartmuster und den Einsatz technischer Indikatoren versuchen Trader, zukünftige Preisbewegungen zu prognostizieren. Diese Technik visualisiert die Marktdynamik zu unterschiedlichen Zeitpunkten und ermöglicht eine gründliche Analyse von Preisänderungen und Handelsmustern, aus denen Trader Schlüsse für kommende Transaktionen ziehen können.

Ein tiefes Verständnis für Chartmuster und die Interpretation essenzieller Daten wie Preise und Handelsvolumen sind unerlässlich. Diese Informationen leiten Trader bei der Identifizierung optimaler Ein- und Ausstiegspunkte, indem sie grundlegende Muster und Trends erkennen. Anwendung finden dabei verschiedene Indikatoren, wie Unterstützungs- und Widerstandslinien, Trendlinien und Handelsvolumina, die darauf abzielen, Handelsgelegenheiten mit einem vielversprechenden Risiko-Ertrags-Verhältnis aufzudecken.

Technische Analysten widmen sich der Aufgabe, die künftige Preisentwicklung handelbarer Güter wie Aktien, Wertpapiere oder Devisen vorauszusehen, indem sie Markttrends und -bewegungen akribisch analysieren. Einige Experten sehen in der technischen Analyse eine grundlegende Betrachtung von Marktkräften.

Zusätzlich zu Preisbewegungen berücksichtigen Analysten weitere Faktoren wie Handelsvolumen und offene Positionen, um ein ganzheitliches Marktverständnis zu erlangen. Über die Jahre hinweg haben Spezialisten zahlreiche Muster und Signale entwickelt, die den

Handel erleichtern. Technische Analysten bieten diverse Ansätze, um Preisbewegungen effizient zu identifizieren und darauf zu reagieren.

Trotz ihres Bestehens seit mehr als einem Jahrhundert, behalten viele Methoden der technischen Analyse ihre Relevanz bei. Sie decken wiederkehrende Muster in Preisbewegungen auf, die entscheidend sind, um Trends und die allgemeine Marktstimmung zu deuten.

Das Linienchart

Das Linienchart gilt als das Fundament der technischen Analyse und besticht durch seine schlichte Darstellungsweise. Mit einem klaren Fokus auf die Schlusskurse - einem Schlüsselindikator für technische Analysten - verbindet es diese in einer kontinuierlichen Linie.

Diese Verbindung offenbart die generelle Preisentwicklung eines Finanzinstruments über einen bestimmten Zeitrahmen und macht Trends und Muster auf einen Blick erkennbar.

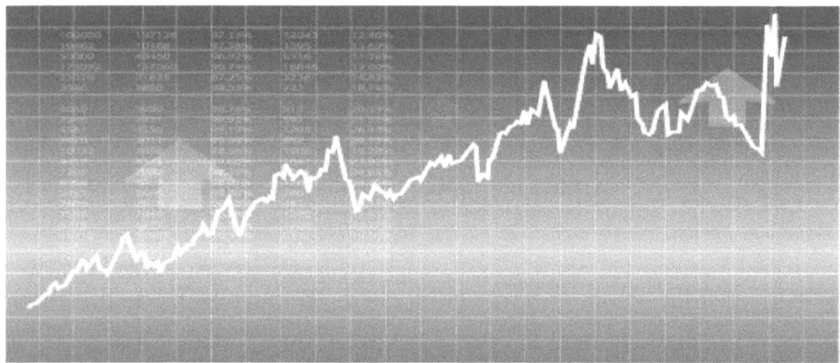

Die wahre Stärke des Liniencharts liegt in seiner Fähigkeit, die Markttendenz unmittelbar und unkompliziert zu kommunizieren. Es eignet sich hervorragend für die Identifizierung und das Verfolgen langfristiger Trends, indem es einen schnellen Überblick über die Marktentwicklung bietet. Jedoch stößt das Linienchart an seine Grenzen, wenn es um die Darstellung der vollen Marktdynamik geht. Indem es lediglich die Schlusskurse abbildet, bleiben wichtige Informationen über die intraday Preisbewegungen - wie Eröffnungspreise, Höchst- und Tiefststände - außen vor. Diese Begrenzung bedeutet, dass das Linienchart zwar für eine rasche Orientierung nützlich ist, jedoch für eine tiefgreifende Analyse durch zusätzliche Chart-Typen ergänzt werden sollte.

Der Kerzenchart

Der Kerzenchart ist ein unverzichtbares Werkzeug in der technischen Analyse und stellt durch seine einzigartige Darstellung der "Kerzen" die Preisentwicklung eines Wertpapiers umfassend dar.

Jede dieser Kerzen vermittelt auf einen Blick die Eröffnungs-, Schluss-, Höchst- und Tiefstkurse innerhalb eines definierten Zeitraums, was den Kerzenchart zu einer reichen Informationsquelle über die Marktdynamik macht.

Durch die detaillierte Analyse der Kerzen können Trader entscheidende Einblicke in bevorstehende Markttrends und potenzielle Trendumkehrungen gewinnen.

Gruppen von Kerzen bilden oft erkennbare Muster, die als starke Indikatoren für die zukünftige Richtung des Marktes dienen. Diese Muster sind besonders in Forex-Charts verbreitet, bieten aber auch auf anderen Finanzmärkten wertvolle Signale für Kauf- oder Verkaufsentscheidungen.

Die Flexibilität des Kerzencharts zeigt sich in der freien Wahl des Zeitrahmens durch den Trader. Während der Tageszeitrahmen, in dem jede Kerze die Preisaktion eines gesamten Handelstages darstellt, besonders beliebt ist, ermöglicht die Analyse der Kerzenkomponenten – wie der Unterschied zwischen Eröffnungs- und Schlusskurs – präzise Prognosen über die zukünftige Preisentwicklung. Eine Kerze, die signifikant unter ihrem Eröffnungskurs schließt, könnte etwa ein Warnsignal für einen bevorstehenden Kursrückgang sein.

Der Candlestick

Der Candlestick-Chart, ein Eckpfeiler der technischen Analyse, bietet Händlern eine effiziente Methode, um Preisdynamiken eines Vermögenswerts rasch zu erfassen. Diese Darstellungsform ist für ihre Fähigkeit bekannt, komplexe Daten zugänglich und interpretierbar zu machen und gilt als unverzichtbar für die technische Analyse.

Elemente eines Candlesticks:

-**Der Körper**: Er bildet das Herzstück eines Candlesticks und zeigt die Preisspanne zwischen Eröffnungs- und Schlusskurs auf. Die Länge des Körpers gibt Aufschluss über die Intensität der Preisbewegung innerhalb des betrachteten Zeitraums.

-**Der Docht oder Schatten**: Diese feinen Linien oberhalb und unterhalb des Körpers repräsentieren das Höchst- und Tiefstkursniveau innerhalb des Zeitraums. Sie vermitteln ein vollständigeres Bild der Preisvolatilität.

-**Die Farbe**: Sie spielt eine entscheidende Rolle bei der Bestimmung der Marktrichtung. Ein grüner oder weißer Körper signalisiert einen

Preisanstieg, während ein roter oder schwarzer Körper auf einen Preisrückgang hindeutet.

Bedeutung der Candlestick-Muster:

Candlestick-Muster sind von unschätzbarem Wert für das Verständnis von Marktbewegungen. Sie ermöglichen es, sowohl einzelne als auch gruppierte Kerzenformationen zu analysieren, um signifikante Unterstützungs- und Widerstandsniveaus zu identifizieren. Verschiedene Muster bieten Einblicke in das Verhältnis von Kauf- und Verkaufsdruck, Marktkontinuität oder -zögerungen.

Das gründliche Verständnis und die präzise Deutung dieser Muster sind von entscheidender Bedeutung für informierte Handelsentscheidungen. Es ist für Trader essentiell, sich intensiv mit den Grundprinzipien und Feinheiten der Candlestick-Muster auseinanderzusetzen, um deren volles Potenzial ausschöpfen zu können.

Praktische Anwendung von Candlestick-Mustern

Das Erlernen und Anwenden von Candlestick-Mustern ist eine essenzielle Fähigkeit für jeden Trader, die am effektivsten durch direkte Praxis entwickelt wird.

Der beste Ansatz hierfür ist das aktive Handeln basierend auf den Signalen, die durch diese Muster bereitgestellt werden. Um dieses Wissen risikofrei zu vertiefen, empfiehlt sich der Start mit einem Demokonto. Dies erlaubt es Ihnen, die Feinheiten des Lesens und der Interpretation von Candlestick-Mustern zu üben, ohne echtes Geld zu riskieren.

Mit wachsendem Vertrauen und Erfahrung können Sie dann den Schritt zu einem Live-Konto machen. Es ist jedoch wichtig zu verstehen, dass Candlestick-Muster, trotz ihrer Effizienz bei der Vorhersage von Kursbewegungen, am besten in Verbindung mit anderen Analyseinstrumenten genutzt werden. Dies dient dazu, ein vollständiges Bild der Marktsituation zu erfassen und die Glaubwürdigkeit der von den Candlesticks gelieferten Signale zu erhöhen.

Indem Sie Candlestick-Muster mit einem breiteren Spektrum an Analysewerkzeugen kombinieren, entwickeln Sie ein tiefgreifendes Verständnis für Marktbewegungen und Trends. Diese integrative Herangehensweise befähigt Sie, fundierte Entscheidungen zu treffen und verstärkt Ihre Fähigkeit, auf Marktsignale zu reagieren.

DAS LESEN VON CANDLESTICK CHARTS VERSTEHEN

Candlestick-Charts, die ihren Ursprung in Japan finden und dort über ein Jahrhundert vor den im Westen gebräuchlichen Balken- und Liniencharts entwickelt wurden, sind heute ein grundlegendes Instrument für die Analyse und Verfolgung von Preisbewegungen auf den globalen Finanzmärkten. Sie bieten eine visuell reichhaltige Darstellung der Kursentwicklung von Aktien, Devisen, Rohstoffen, Indizes und Staatsanleihen, was sie zu einem unverzichtbaren Werkzeug für Händler macht.

Die Stärke der Candlestick-Charts liegt in ihrer Fähigkeit, Preisbewegungen detailliert darzustellen und Einblicke in das Marktsentiment sowie Hinweise auf mögliche zukünftige Markttrends zu liefern. Durch das Lesen und Interpretieren der einzelnen "Kerzen" und ihrer Formationen können Händler bullische Muster erkennen, die eine bevorstehende Preissteigerung signalisieren, oder bärische Muster, die auf einen möglichen Preisrückgang hindeuten. Diese Muster dienen als Grundlage für Entscheidungen über Long- oder Short-Trades.

Jede Kerze innerhalb des Candlestick-Charts bietet eine Fülle von Informationen – sie zeigt die Eröffnungs-, Schluss-, Höchst- und Tiefstkurse innerhalb eines bestimmten Zeitraums an. Die Farbe der Kerze verdeutlicht die Richtung der Marktbewegung: Ein grüner (oder weißer) Körper weist auf eine Preissteigerung hin, während ein roter (oder schwarzer) Körper einen Rückgang anzeigt. Die Fähigkeit, diese Muster zu verstehen und korrekt zu interpretieren, ist entscheidend für die Entwicklung fundierter Handelsstrategien.

Die effektive Nutzung von Candlestick-Charts erfordert nicht nur ein Verständnis der einzelnen Elemente und Muster, sondern auch deren

Anwendung im Kontext anderer technischer Analysewerkzeuge, um ein umfassendes Bild der Marktsituation zu erhalten und die Genauigkeit der Handelssignale zu verbessern.

Klassifizierung von Candlestick-Mustern

Candlestick-Charts, eine aus Japan stammende Analysemethode, die weit vor der Entwicklung der westlichen Balken- und Liniencharts eingeführt wurde, sind heute ein zentrales Instrument zur Analyse von Kursbewegungen über eine Vielzahl von Finanzmärkten hinweg. Diese umfassen Aktien, Devisen, Rohstoffe, Indizes und Staatsanleihen.

Aktien stellen dabei einen wesentlichen Anteil der gehandelten Finanzinstrumente dar, deren Kursbewegungen durch Candlestick-Charts effektiv visualisiert werden. Für Trader ist es von entscheidender Bedeutung, diese Charts zu analysieren, da sie nicht nur detaillierte Einblicke in die Preisentwicklung bieten, sondern auch das Marktsentiment und potenzielle zukünftige Trends aufzeigen.

Die Analyse von Candlestick-Charts erfolgt durch die Interpretation von Kerzen und ihren Mustern. Bullische Muster, die auf eine bevorstehende Kurssteigerung hindeuten, können als Grundlage für Long-Positionen dienen, während bärische Muster, die auf einen potenziellen Kursrückgang hinweisen, für Short-Positionen genutzt werden können. Das Verständnis dieser Muster ist essentiell für das Treffen fundierter Entscheidungen hinsichtlich der Handelsstrategie.

Jede Kerze in einem Candlestick-Chart konstituiert sich aus vier Hauptkurspunkten: dem Eröffnungskurs, dem Höchstkurs, dem Tiefstkurs und dem Schlusskurs. Aus diesen Punkten ergeben sich unterschiedliche Formationen und Kombinationen, die als Candlestick- oder Kerzenmuster bekannt sind. Diese Muster variieren von einfachen Mustern, die aus einer einzelnen Kerze bestehen, über doppelte Muster mit zwei Kerzen bis hin zu dreifachen Mustern aus drei Kerzen. Jede dieser Konfigurationen bietet spezifische Einblicke in die Marktdynamik und das potenzielle zukünftige Kursverhalten. Das tiefgreifende Verständnis der vier Kurspunkte jeder Kerze und wie diese miteinander interagieren, ist von großer Bedeutung für eine effektive Marktanalyse. Durch die Interpretation dieser Muster können Trader wichtige Informationen über Markttrends, mögliche Trendumkehrungen oder die Fortsetzung bestehender Trends gewinnen.

Verständnis einfacher Candlestick-Muster

Ein einfaches Candlestick-Muster, geformt durch eine einzelne Kerze, liefert grundlegende Einblicke in die Marktdynamik. Zu den prominentesten Mustern einer Einzelkerze zählen:

-**Hammer und umgekehrter Hammer:** Symbole für potenzielle Trendwenden, wobei der Hammer am Ende eines Abwärtstrends und der umgekehrte Hammer am Ende eines Aufwärtstrends auftreten kann.

-**Hängender Mann und Sternschnuppe:** Oftmals Vorboten des Endes eines Aufwärtstrends, signalisieren sie eine mögliche Umkehr

-**Doji:** Repräsentiert Unentschlossenheit im Markt, charakterisiert durch nahezu identische Eröffnungs- und Schlusskurse.

-**Spinning Top und Spinning Bottom:** Indikatoren für eine ungewisse Marktrichtung mit kleinen Körpern und langen Schatten.

-**Bullish und Bearish Marubozu**: Deutliche Anzeiger starker Kauf- (bullish) oder Verkaufstrends (bearish).

Doppelkerzenmuster

Doppelkerzenmuster, bestehend aus zwei Kerzen, erweitern die Perspektive auf die Marktbewegungen. Zu den bekanntesten zählen:

- **Bullish und Bearish Engulfing:** Markieren eine mögliche Trendumkehr, wobei das Bullish Engulfing am Ende eines Abwärtstrends und das Bearish Engulfing am Ende eines Aufwärtstrends erscheint.

- **Bullish und Bearish Harami:** Hinweise auf eine Abschwächung des vorherrschenden Trends.

- **Tweezer-Top und Tweezer-Bottom:** Können auf eine bevorstehende Trendumkehr hinweisen.

Dreifachkerzenmuster

Dreifachkerzenmuster, die aus drei Kerzen bestehen, liefern oft stärkere Signale als ihre einfacheren Gegenstücke.

Bekannte Beispiele sind:

- **Morgenstern und Abendstern:** Deuten auf eine Trendumkehr hin.

- **Drei weiße Soldaten und drei schwarze Krähen:** Signalisieren einen starken Auf- oder Abwärtstrend.

Die Kenntnis und korrekte Interpretation dieser Muster sind entscheidend für das Verständnis von Preisbewegungen und die Vorhersage zukünftiger Markttrends.

Die Fähigkeit, die verschiedenen Muster zu erkennen und zu deuten, bildet die Grundlage für eine effektive Marktanalyse und die Entwicklung von Handelsstrategien.

<u>Überarbeitete Fassung: Bedeutung gängiger Candlestick-Muster</u>

Candlestick-Muster sind ein unerlässlicher Bestandteil der technischen Analyse, die tiefe Einblicke in die Stimmung der Marktteilnehmer und die zugrunde liegenden Marktbedingungen gewähren.

Jedes Muster repräsentiert eine spezifische Marktsituation und deutet auf mögliche zukünftige Preisbewegungen hin. Diese Muster entstehen durch die Handlungen der Marktteilnehmer, die aufgrund ihrer menschlichen Natur dazu neigen, unter ähnlichen Umständen ähnlich zu reagieren.

-**Hammer und umgekehrter Hammer**: Diese Muster weisen auf potenzielle Trendumkehrungen hin, wobei der Hammer typischerweise am Ende eines Abwärtstrends erscheint und der umgekehrte Hammer am Ende eines Aufwärtstrends.

-**Hängender Mann und Sternschnuppe**: Oftmals Indikatoren für das Ende eines Aufwärtstrends, signalisieren sie eine bevorstehende Trendumkehr.

-**Doji**: Symbolisiert Unentschlossenheit im Markt, mit Eröffnungs- und Schlusskursen, die nahe beieinander liegen.

-**Spinning Top und Spinning Bottom**: Zeichen für eine unklare Marktrichtung mit kleinen Körpern und langen Schatten.

-**Bullish und Bearish Marubozu**: Deuten auf ausgeprägte Kauf- oder Verkaufstrends hin, mit Kursbewegungen, die stark in eine Richtung tendieren.

Doppelkerzenmuster wie Bullish und Bearish Engulfing, Bullish und Bearish Harami sowie Tweezer Tops und Bottoms bieten erweiterte Perspektiven auf Marktbewegungen, indem sie zusätzliche Kontextinformationen zur Marktdynamik liefern.

Dreifachkerzenmuster wie Morgenstern und Abendstern, Drei weiße Soldaten und Drei schwarze Krähen signalisieren oft eine stärkere Marktbewegung und bieten robustere Hinweise auf Markttrends.

Die Fähigkeit, diese Muster korrekt zu interpretieren, ist von entscheidender Bedeutung für die Analyse von Preisbewegungen und die Vorhersage zukünftiger Markttrends. Es ist jedoch essentiell, vorsichtig zu sein und zu akzeptieren, dass kein Muster eine absolute Genauigkeit garantiert.

Eine umfassende Marktanalyse, die verschiedene technische Indikatoren einschließt, ist für effektive Handelsentscheidungen unerlässlich. Jedes Muster hat eine einzigartige Interpretation, die auf die vorherrschenden Marktbedingungen und die möglichen zukünftigen Bewegungen hindeutet. Diese Muster entstehen aus den Handlungen von Händlern, die als menschliche Wesen dazu neigen, in ähnlichen Situationen ähnlich zu reagieren. Zum Beispiel kann ein Hammer-Muster am Ende eines Abwärtstrends darauf hinweisen, dass die Verkäufer nachlassen und eine Trendumkehr bevorsteht. Ein Doji-Muster kann auf Unentschlossenheit im Markt hindeuten, während ein Engulfing-Muster oft eine starke Trendumkehr signalisiert.

Die Interpretation dieser Muster erfordert ein Verständnis der zugrunde liegenden Psychologie und Marktdynamik. Sie können wichtige Handelssignale liefern, insbesondere wenn sie im Kontext des breiteren Marktes und in Verbindung mit anderen technischen Indikatoren betrachtet werden.

Es ist jedoch wichtig, vorsichtig zu sein und zu erkennen, dass kein Muster eine 100%ige Genauigkeit bietet. Eine umfassende Analyse, die verschiedene technische Aspekte berücksichtigt, ist entscheidend für effektive Handelsentscheidungen.

1. Das Doji Muster

Das Doji-Muster steht in der Welt der Candlestick-Analyse für Neutralität, da es weder eindeutig bullisch noch bärisch ist. Es bildet sich, wenn der Schlusskurs eines Finanzinstruments exakt mit seinem Eröffnungskurs übereinstimmt, was zu einer Kerze führt, die lediglich durch einen horizontalen Strich ohne eigentlichen Körper dargestellt wird.

Das Aufkommen eines Doji signalisiert eine Balance zwischen Käufern und Verkäufern, bei der kein Teil die dominante Kraft darstellt. Diese Stagnation kann darauf hinweisen, dass der momentane Trend seine Dynamik verliert und eine mögliche Trendumkehr bevorstehen könnte. In der Kontinuität eines ausgeprägten Trends ist das Doji somit oft ein Vorzeichen für eine eventuelle Trendwende.

Verschiedene Varianten des Doji-Musters, wie das Langbein-Doji, das Drachenfliegen-Doji oder das Grabstein-Doji, weisen subtile Unterschiede auf, die jeweils unterschiedliche Marktbedingungen reflektieren können. Ungeachtet ihrer spezifischen Ausprägung ist es von großer Bedeutung, den Kontext zu berücksichtigen, in dem ein Doji erscheint.

Ein Doji, das sich in einem langfristigen Aufwärts- oder Abwärtstrend manifestiert, kann ein stärkeres Signal für eine Trendumkehr darstellen als ein Doji in einem weniger ausgeprägten Trend.

Jedoch sollte ein Doji niemals isoliert betrachtet werden. Eine fundierte Handelsentscheidung erfordert die Einbeziehung weiterer technischer Indikatoren und Chartmuster, um die Aussagekraft des Doji zu bestätigen und zu verstärken.

2. Hammer-Candlesticks Muster und ihre Signale

Die Hammer-Candlestick-Muster und ihre verschiedenen Varianten sind entscheidende Einzelkerzenmuster, die als Schlüsselindikatoren für mögliche Trendumkehrungen im Markt dienen.

Hammer

Das klassische Hammer-Muster zeichnet sich durch einen langen unteren Schatten und einen kleinen oberen Körper aus, der typischerweise am Ende eines Abwärtstrends erscheint.

Es signalisiert, dass trotz anfänglichem Verkaufsdruck die Käufer wieder die Kontrolle übernommen haben, was eine bevorstehende Aufwärtsbewegung andeutet.

HAMMER CANDLESTICK PATTERN

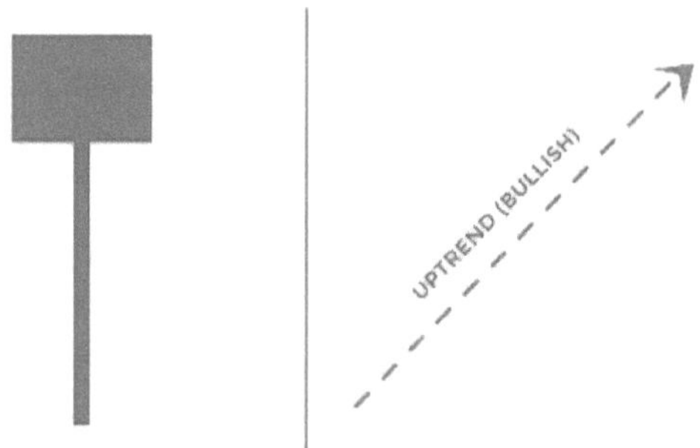

Umgekehrter Hammer

Ähnlich dem Hammer, jedoch mit einem langen oberen Schatten und einem kleinen unteren Körper. Es tritt auch in Abwärtstrends auf und deutet darauf hin, dass Käufer versuchen, die Kontrolle zu erlangen, was auf eine mögliche Aufwärtsbewegung hindeutet.

Hanging Man

Optisch ähnlich dem Hammer, tritt jedoch in Aufwärtstrends auf. Es zeigt an, dass trotz anfänglichem Kaufdruck Verkäufer wieder aktiv wurden, was eine potenzielle Abwärtskorrektur signalisiert.

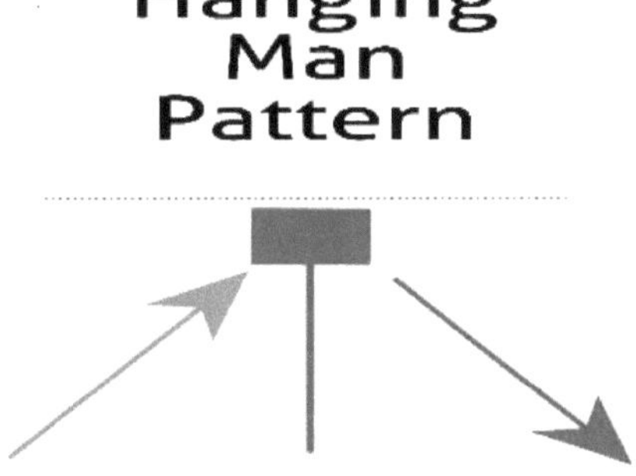

Shooting Star

Besitzt die gleiche Form wie der umgekehrte Hammer, erscheint aber in Aufwärtstrends. Dieses Muster deutet darauf hin, dass der jüngste Anstieg nachlassen könnte und eine Abwärtskorrektur bevorsteht.

In jedem Fall ist es essenziell, diese Muster im Gesamtkontext des Marktes und in Kombination mit anderen technischen Indikatoren zu bewerten, um ihre Glaubwürdigkeit als Handelssignale zu bestätigen.

3. Das Engulfing-Candlestick-Muster: Ein Schlüsselindikator für Trendumkehrungen

Engulfing-Candlestick-Muster, bekannt als Umhüllungsmuster, spielen eine zentrale Rolle in der technischen Analyse als Indikatoren für mögliche Markttrendumkehrungen. Diese Doppelkerzenmuster entstehen, wenn eine nachfolgende Kerze die Kursbewegung der vorherigen Kerze vollständig einschließt.

Bullish-Engulfing-Muster

Ein starkes Signal für eine bevorstehende Trendumkehr, das typischerweise am Ende eines Abwärtstrends auftritt. Dieses Muster besteht aus einer anfänglich kleineren bärischen Kerze, die dann von einer größeren bullischen Kerze umschlossen wird. Die Größe der bullischen Kerze ist dabei entscheidend, da sie eine zunehmende Dominanz der Käufer über die Verkäufer signalisiert und auf einen anstehenden Aufwärtstrend hindeutet. Eine Bestätigung durch weitere bullische Preisbewegungen oder technische Indikatoren stärkt die Zuverlässigkeit dieses Musters als Umkehrsignal.

Bearish-Engulfing-Muster

Das Gegenstück zum Bullish-Engulfing, das am Ende eines Aufwärtstrends erscheint. Es wird gebildet durch eine kleinere bullische Kerze, gefolgt von einer größeren bärischen Kerze, die die vorherige vollständig umhüllt. Die Präsenz einer größeren bärischen Kerze deutet darauf hin, dass die Verkäufer die Oberhand gewinnen und eine Abwärtsbewegung bevorsteht. Auch hier ist die Bestätigung durch zusätzliche bearishe Preisaktionen oder Indikatoren entscheidend.

In beiden Fällen ist es von großer Bedeutung, diese Muster im Gesamtkontext des Marktes zu betrachten und ein effektives Risikomanagement zu betreiben. Die Interpretation von Engulfing-Mustern sollte stets in Verbindung mit anderen technischen Analysewerkzeugen erfolgen, um eine fundierte Handelsstrategie zu entwickeln und das Handelsrisiko zu minimieren.

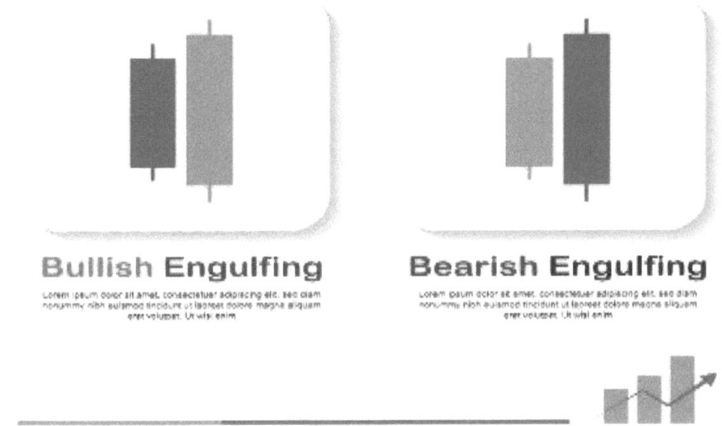

4. Morgen- und Abendstern: Indikatoren für Trendumkehrungen

Der Morgen- und der Abendstern sind komplexe dreifache Kerzenmuster, die wichtige Umkehrsignale anzeigen.

Die Morgenstern- und Abendstern-Kerzenmuster repräsentieren komplexe, dreiteilige Formationen, die als Schlüsselsignale für potenzielle Trendumkehrungen gelten.

<u>Morgenstern</u>

Dieses bullische Umkehrmuster tritt typischerweise am Ende eines Abwärtstrends auf und signalisiert einen bevorstehenden Aufschwung. Es beginnt mit einer langen bärischen Kerze, die den fortgesetzten Abwärtstrend verdeutlicht. Auf diese folgt eine kleinere Kerze, die eine Marktlücke (Gap) nach unten aufweist und Unsicherheit im Markt darstellt; diese kann sowohl bärisch als auch bullisch sein.

Entscheidend ist die dritte Kerze, eine umfangreiche bullische Kerze, die mindestens die Hälfte der ersten Kerze abdeckt und damit ein starkes Signal für eine anstehende Aufwärtsbewegung sendet.

<u>Abendstern</u>

Das bearishe Pendant zum Morgenstern deutet auf eine bevorstehende Abwärtsbewegung hin. Es beginnt mit einer langen bullischen Kerze, welche den bestehenden Aufwärtstrend unterstreicht. Die zweite Kerze, die eine Lücke nach oben aufweist, repräsentiert Marktunsicherheit und kann sowohl bullisch als auch bärisch sein. Die kritische dritte Kerze ist eine lange bärische Kerze, die mindestens die Hälfte der ersten Kerze überdeckt und somit ein starkes Signal für einen bevorstehenden Abwärtstrend setzt.

In beiden Fällen ist es essenziell, diese Muster im Gesamtkontext des Marktes zu analysieren und nach Bestätigung durch weitere technische Indikatoren oder Preisbewegungen zu suchen.

Die Anwendung dieser Muster in Handelsstrategien verlangt eine sorgfältige Risikoüberwachung und die Verifizierung durch zusätzliche Analyse, um fundierte Entscheidungen treffen zu können.

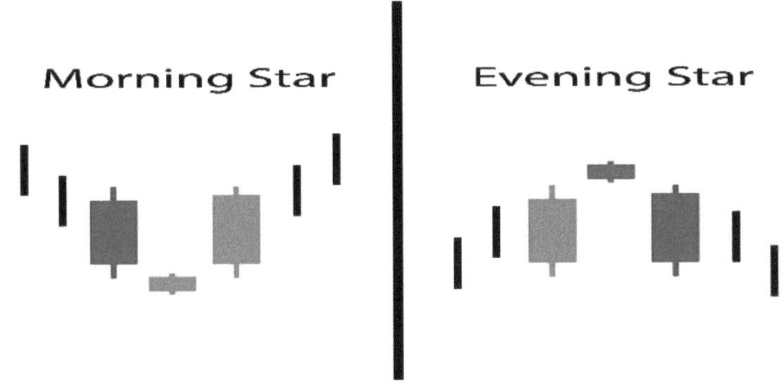

<u>Candlestick-Positionierung und Ihre Signale</u>

<u>Stern-Position</u>

Die Stern-Position innerhalb von Candlestick-Mustern ist ein entscheidendes Signal, das sowohl auf potenzielle Trendumkehrungen als auch auf Marktunsicherheiten hinweisen kann. Charakteristisch für eine Kerze in Stern-Position ist ihr deutlicher Abstand zur vorherigen Kerze, was häufig eine Marktlücke (Gap) einschließt. Diese Distanzierung kann ohne signifikante Körpergröße der ersten Kerze erfolgen. Die Stern-Kerze selbst besitzt einen minimalen realen Körper und kann je nach Marktsituation oben oder unten eine Lücke aufweisen. Dieses Muster tritt oft isoliert auf und kann ein starkes Indiz für bevorstehende Marktveränderungen sein. Verschiedene Kerzen, darunter Doji, Hammer, Shooting Star und Spinning Tops, können in Stern-Position auftreten, wobei ihre Präsenz in Kombinationen wie dem Morgenstern oder Abendstern besonders aussagekräftig ist.

Die Analyse einer in Stern-Position befindlichen Kerze erfordert eine gründliche Kontextbetrachtung, einschließlich der Position relativ zu vorangegangenen und nachfolgenden Kerzen sowie der Farbe und Größe des Körpers, um präzise Marktrichtungen und Signalstärken zu bestimmen.

Harami-Stellung

Die Harami-Stellung, japanisch für "schwanger", beschreibt ein Candlestick-Muster, bei dem eine kleinere Kerze vollständig innerhalb des Körpers einer vorhergehenden größeren Kerze liegt.

Dieses Muster deutet auf eine mögliche Änderung der Marktrichtung oder eine Trendpause hin. Die erste Kerze kennzeichnet sich durch einen großen realen Körper, während die zweite Kerze kleiner ausfällt.

Das Muster tritt in zwei Varianten auf: Das Bullish Harami, das am Ende eines Abwärtstrends eine Aufwärtsbewegung signalisieren kann, und das Bearish Harami, das am Ende eines Aufwärtstrends eine mögliche Abwärtsbewegung anzeigt.

Für Trader ist die Identifikation der Harami-Position von großer Bedeutung, um potenzielle Trendumkehrungen oder Pausen zu erkennen. Wie bei allen Candlestick-Mustern ist jedoch eine Bewertung im Gesamtkontext des Marktes und eine Bestätigung durch weitere technische Indikatoren essenziell, um die Zuverlässigkeit der Signale zu gewährleisten.

Lange Schattenumkehrungen

Die technische Analyse identifiziert zwei signifikante Umkehrmuster, gekennzeichnet durch einen kleinen Körper und einen langen Schatten, während der gegenüberliegende Schatten kurz oder nicht vorhanden ist. Diese Muster, bekannt als Hammer und Hanging Man sowie Shooting Star und Inverted Hammer, bieten wichtige Hinweise auf potenzielle Marktwendepunkte.

- **Hammer und Hanging Man**: Diese Muster weisen einen kleinen Körper und einen langen unteren Schatten auf. Der Hammer signalisiert nach einem Rückgang eine mögliche Aufwärtsbewegung, während der Hanging Man nach einem Preisanstieg eine mögliche Abwärtskorrektur ankündigt.

- **Shooting Star und umgekehrter Hammer:** Gekennzeichnet durch einen kleinen Körper und einen langen oberen Schatten, deutet der Shooting Star auf eine bevorstehende Abwärtsbewegung nach einem Preisanstieg hin. Im Gegensatz dazu signalisiert der Inverted Hammer nach einem Rückgang eine potenzielle Aufwärtsbewegung.

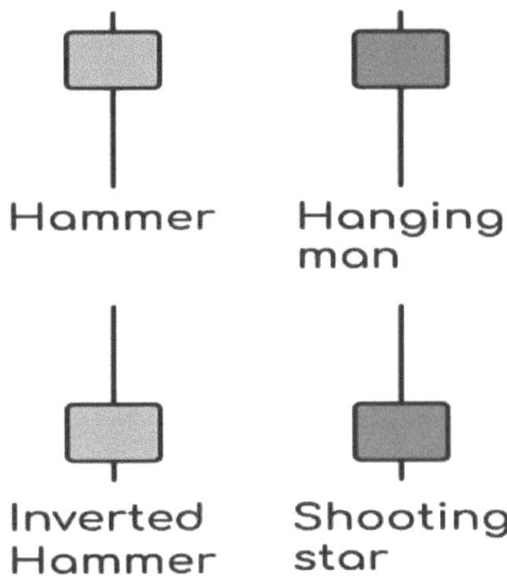

Die Interpretation dieser Muster hängt stark von der vorherigen Preisentwicklung und der Position des langen Schattens ab.

Es ist entscheidend, sie im Kontext des Gesamtmarktes zu betrachten und durch zusätzliche Preisaktionen oder technische Indikatoren zu validieren, um ihre Zuverlässigkeit als Umkehrsignale zu bestätigen

<u>**Der Hammer und Hanging Man**</u>

In der Welt des Daytradings sind Candlestick-Muster ein unverzichtbares Werkzeug für die technische Analyse. Zwei besonders aussagekräftige Muster, der Hammer und der Hanging Man, bieten tiefe Einblicke in potenzielle Marktumkehrungen. Beide Muster sind durch kleine Körper und lange untere Schatten gekennzeichnet, ihre Interpretation hängt jedoch entscheidend von der Marktphase ab, in der sie erscheinen.

Der Hammer: Der Hammer entsteht nach einem Abwärtstrend und signalisiert eine mögliche Marktumkehrung nach oben. Charakteristisch für den Hammer ist sein kleiner Körper am oberen Ende der Kerze und ein langer unterer Schatten, der darauf hindeutet, dass die Verkäufer während der Handelsperiode die Preise drückten, die Käufer jedoch bis zum Ende der Periode die Oberhand gewannen. Die bullische Tendenz des Hammers wird verstärkt, wenn er von einem Anstieg des Handelsvolumens begleitet wird oder wenn ihm eine signifikante positive Preisbewegung folgt.

Der Hanging Man: Im Gegensatz zum Hammer tritt der Hanging Man nach einem Aufwärtstrend auf und kann eine bevorstehende Abwärtsbewegung ankündigen. Äußerlich ähnelt er dem Hammer, doch seine Erscheinung in einer Aufwärtsbewegung deutet darauf hin, dass trotz eines anfänglichen Kaufdrucks die Verkäufer wieder aktiv wurden und eine Marktkorrektur bevorstehen könnte. Eine Bestätigung durch anschließende negative Preisentwicklung erhöht die Glaubwürdigkeit dieses Musters als Warnsignal.

<u>**Umgekehrter Hammer und Shooting Star**</u>

Der umgekehrte Hammer und der Shooting Star sind visuell identische Candlestick-Muster, die unterschiedliche Marktbedingungen signalisieren. Beide zeichnen sich durch kleine

Körper und lange obere Schatten aus, was auf signifikante Preisbewegungen innerhalb der Handelssitzung hinweist. Diese Muster sind wichtige Indikatoren für mögliche Trendumkehrungen und bieten Händlern die Gelegenheit, ihre Strategien entsprechend anzupassen.

Shooting Star: Dieses Muster tritt nach einem Aufwärtstrend auf und zeigt einen langen oberen Schatten, was darauf hinweist, dass die Preise während der Sitzung stark angestiegen sind, aber bis zum Ende der Sitzung wieder gefallen sind. Es signalisiert, dass der Aufwärtsdruck nachlässt und möglicherweise eine Trendumkehr bevorsteht. Eine Bestätigung durch nachfolgende Preisaktionen, wie eine lange schwarze Kerze oder ein Gap-down, verstärkt die Aussagekraft dieses Musters als Umkehrsignal.

Umgekehrter Hammer: Im Gegensatz zum Shooting Star erscheint der umgekehrte Hammer nach einem Abwärtstrend und deutet mit seinem langen oberen Schatten auf einen potenziellen Aufwärtstrend hin. Dieses Muster signalisiert, dass trotz eines anfänglichen Verkaufsdrucks innerhalb der Sitzung ein Kaufdruck vorhanden war, der die Preise nach oben trieb, auch wenn sie nicht auf dem Höchststand schließen konnten. Eine Bestätigung durch weitere bullische Indikatoren, wie eine nachfolgende lange weiße Kerze oder ein Gap-up, ist notwendig, um die Zuverlässigkeit dieses Musters als bullisches Signal zu erhöhen. Für Trader sind der umgekehrte Hammer und der Shooting Star wichtige Werkzeuge zur Identifizierung potenzieller Trendumkehrungen.

Es ist jedoch essenziell, diese Muster im Kontext des Gesamtmarktes zu betrachten und sie durch zusätzliche technische Analyse zu bestätigen, um fundierte Handelsentscheidungen treffen zu können.

WAS IST EINE HANDELSSITZUNG?

Die Handelssitzung markiert den Zeitrahmen, innerhalb dessen der Handel an einem spezifischen Finanzmarkt aktiv stattfindet. Dies variiert von Markt zu Markt und zwischen verschiedenen geografischen Standorten. Üblicherweise entspricht eine Handelssitzung einem Geschäftstag auf dem lokalen Finanzmarkt, beginnend mit der offiziellen Eröffnung und endend mit dem offiziellen Schluss des Marktes.

Zum Beispiel, die Handelszeiten für US-Aktien an der New York Stock Exchange (NYSE) sind festgelegt von 9:30 Uhr bis 16:00 Uhr Eastern Time (ET). Ähnlich haben andere bedeutende Börsen wie die London Stock Exchange (LSE) und die Tokyo Stock Exchange (TSE) ihre eigenen spezifischen Handelszeiten, die durch internationale Zeitzonen beeinflusst werden.

Einzigartig ist der Forex-Markt, der nahezu 24 Stunden am Tag handelt, mit mehreren sich überschneidenden Handelssitzungen rund um den Globus. Diese rund-um-die-Uhr-Aktivität ermöglicht es Forex-Tradern, praktisch zu jeder Zeit des Tages oder der Nacht Handelsmöglichkeiten zu nutzen, was zu einer kontinuierlichen Handelsaktivität führt.

Die Entwicklung des elektronischen Handels hat zu einer Erweiterung der Handelszeiten geführt, wodurch in vielen Märkten Handelsaktivitäten auch außerhalb der herkömmlichen Handelssitzungen möglich sind. Diese Entwicklung hat die Dynamik der globalen Finanzmärkte beeinflusst, indem sie Tradern die Möglichkeit bietet, auf Ereignisse zu reagieren, die außerhalb der regulären Handelszeiten stattfinden.

Für Investoren und Händler ist ein fundiertes Verständnis der Handelssitzungen von großer Bedeutung, da sich Faktoren wie

Liquidität, Volatilität und die Verfügbarkeit von Marktinformationen je nach Tageszeit und spezifischer Handelssitzung stark unterscheiden können. Besonders während der Zeiten, in denen die Handelszeiten der großen Finanzzentren sich überschneiden, kann es zu einer verstärkten Marktaktivität und Volatilität kommen.

Wie eine Handelssitzung funktioniert

Die Funktionsweise einer Handelssitzung variiert stark in Abhängigkeit von der Anlageklasse und dem jeweiligen Land. In den USA beginnt beispielsweise die reguläre Handelssitzung für Aktien um 9:30 Uhr und endet um 16:00 Uhr Eastern Time (ET) an Wochentagen, abgesehen von Feiertagen, an denen die New York Stock Exchange (NYSE) oft früher, typischerweise um 13:00 Uhr ET, schließt. Auch der US-Anleihemarkt folgt festgelegten Handelszeiten, die meist von 8:00 Uhr bis 17:00 Uhr ET reichen, während die Terminmärkte variierende Handelszeiten basierend auf dem gehandelten Produkt und der jeweiligen Börse aufweisen.

Neben der Standard-Handelssitzung bieten viele Märkte zusätzliche vor- und nachbörsliche Sitzungen an. Diese ermöglichen es Händlern, außerhalb der üblichen Handelsstunden auf aktuelle Nachrichten und Ereignisse zu reagieren, was insbesondere bei Märkten mit hoher Volatilität oder bei der Bekanntgabe wichtiger Wirtschaftsnachrichten vorteilhaft sein kann.

Der Forex-Markt zeichnet sich durch seinen fast 24-stündigen Handel aus, der Tradern erlaubt, praktisch zu jeder Zeit zu handeln. Dies sorgt für eine anhaltende Handelsaktivität und ermöglicht es, auf internationale Ereignisse und Währungsschwankungen zeitnah zu reagieren.

Mit der Einführung des elektronischen Handels haben sich die Handelszeiten erweitert, wodurch in vielen Märkten der Handel auch außerhalb der herkömmlichen Sitzungen möglich ist. Für Anleger und Händler ist es daher essenziell, die spezifischen Handelszeiten zu verstehen, da sich Liquidität und Marktvolatilität je nach Tageszeit und spezifischer Handelssitzung wesentlich unterscheiden können.

Vorbörsliche und nachbörsliche Handelszeiten sitzungen erklärt

Vorbörslicher Handel auf dem US-Aktienmarkt bietet Investoren die Möglichkeit, schon vor dem offiziellen Börsenstart zu handeln. Diese Sitzungen finden werktags von 4:00 bis 9:30 Uhr ET statt.

Nachbörslicher Handel erlaubt es, Geschäfte nach Schließung der Börse fortzuführen, typischerweise zwischen 16:00 und 20:00 Uhr ET. Beachten Sie, dass Handelszeiten variieren können, abhängig von der spezifischen Börse.

Warum außerbörslich handeln?

Außerbörsliche Sitzungen ermöglichen es Anlegern, schnell auf nachrichtenreiche Ereignisse zu reagieren, die außerhalb der normalen Handelsstunden stattfinden. Doch es gibt wichtige Überlegungen:

1. **Zugang zu Informationen**: Im außerbörslichen Handel könnten Sie nur die Kurse Ihres eigenen Handelssystems sehen, nicht die anderer Netzwerke.

2. **Liquidität**: Die Teilnehmerzahl ist geringer, was die Liquidität einschränkt.

3. **Preisspannen**: Weniger Handelsaktivität kann zu größeren Preisunterschieden führen.

4. **Volatilität**: Der Handel kann stärkeren Preisschwankungen unterliegen.

5. **Preisunsicherheit**: Preise können sich deutlich von denen der regulären Handelszeiten unterscheiden.

6. **Limit-Orders bevorzugt**: Viele Systeme akzeptieren nach Börsenschluss nur Limit-Orders.

7. **Konkurrenz**: Oft handeln Profis mit besserem Informationszugang außerbörslich.

8. **Technische Risiken**: Es kann zu technischen Verzögerungen kommen.

Der gezielte Einsatz von Limit-Orders

Limit-Orders sind ein wesentliches Werkzeug für Trader, um genau zu bestimmen, zu welchem Preis sie Aktien kaufen oder verkaufen möchten. Diese Art von Order gibt Ihnen die Kontrolle, Transaktionen entweder zu einem festgelegten Preis oder einem besseren auszuführen.

Verkaufs-Limit-Orders: Angenommen, Sie möchten Ihre Aktien von Unternehmen XYZ nicht unter 34,00 $ verkaufen. Durch Setzen eines Verkaufslimits bei 34,00 $ sichern Sie sich gegen einen Verkauf unter diesem Wert ab. Steigt der Markt, könnten Sie sogar von einem höheren Verkaufspreis profitieren. Allerdings wird der Verkauf nicht realisiert, sollte der Preis nicht erreicht werden.

Kauf-Limit-Orders: Wenn Sie andererseits Interesse daran haben, Aktien von Unternehmen ABC zu einem Preis von maximal 20,00 $ zu erwerben, legen Sie eine Kauf-Limit-Order bei diesem Preis fest. Diese Order wird nur ausgeführt, wenn der Aktienpreis auf 20,00 $ oder darunter fällt, und vermeidet, dass Sie mehr bezahlen als gewünscht.

Obwohl Limit-Orders eine präzisere Kontrolle über Ihre Handelsaktivitäten bieten und helfen, Risiken in einem volatilen

Marktumfeld zu minimieren, garantieren sie keine Ausführung. Falls der Markt Ihren festgelegten Limitpreis nicht erreicht, wird die Order nicht ausgeführt.

Daher ist es entscheidend, Markttrends sorgfältig zu beobachten und die Handelsstrategie flexibel anzupassen.

Strategien desPattern-Day-Tradings verstehen

Als **Pattern-Day-Trader (PDT)** gelten Händler, die innerhalb eines rollierenden Fünf-Tage-Zeitraums vier oder mehr Day-Trades auf einem Margin-Konto ausführen.

Diese anspruchsvolle Handelsstrategie, die das schnelle Kaufen und Verkaufen von Aktien innerhalb eines Tages umfasst, zielt darauf ab, von Marktschwankungen zu profitieren. Aufgrund des hohen Risikos ist sie meist erfahrenen Tradern vorbehalten.

Die **Financial Industry Regulatory Authority (FINRA)** hat Regeln für PDTs aufgestellt, darunter eine Mindesteinlage von 25.000 USD auf dem Margin-Konto. Diese Regelung soll das Risiko begrenzen und sicherstellen, dass Trader die notwendigen Ressourcen haben, um potenzielle Verluste zu tragen.

Risiken und Anforderungen: Daytrading ist mit erheblichen Risiken verbunden, darunter die Möglichkeit schneller finanzieller Verluste. Trader müssen nicht nur über umfassende Erfahrungen verfügen, sondern auch schnell auf Marktbewegungen reagieren können.

Für **Kleinanleger**, die nicht den PDT-Anforderungen unterliegen, existieren weniger risikoreiche Handelsstrategien.

Diese Strategien erfordern typischerweise weniger Kapital und basieren auf langfristigen Investitionsentscheidungen und selteneren Trades.

Regelungen für den Kauf und Verkauf derselben Aktie

Kleinanleger, die auf einem Margin-Konto aktiv sind, sollten beachten, dass sie innerhalb von fünf Geschäftstagen bis zu vier Mal dieselbe Aktie kaufen und verkaufen dürfen, ohne als Pattern-Day-Trader (PDT) klassifiziert zu werden. Die **Financial Industry Regulatory Authority (FINRA)** definiert PDTs als Trader, die mehr als vier Day-Trades innerhalb dieses Zeitrahmens ausführen, sofern diese Aktivitäten mehr als sechs Prozent ihrer gesamten Handelstätigkeit im gleichen Zeitraum ausmachen.

Als PDT eingestuft zu werden, bedeutet, ein Mindestkapital von 25.000 USD auf dem Margin-Konto halten zu müssen. Nichterfüllung kann zu Handelsbeschränkungen führen, welche die Fähigkeit zum Daytrading limitieren. Diese Regelung zielt darauf ab, Kleinanleger vor den hohen Risiken des Daytradings zu schützen, da dieses ein umfassendes Marktverständnis erfordert und das Risiko schneller finanzieller Verluste birgt.

4 SCHLÜSSELFAKTOREN DES SCHEITERNS IM TRADING

Übermäßiges Leveraging

Übermäßiges Leveraging zählt zu den primären Stolpersteinen für Trader, besonders in den hochvolatilen Märkten der Kryptowährungen und Futures. Leveraging, die Praxis des Einsatzes von geliehenem Kapital zur Erhöhung des Handelsvolumens, mag zwar die Chancen auf Gewinne vergrößern, birgt jedoch auch das Risiko signifikanter Verluste.

Kernprobleme des übermäßigen Leveragings:

1. **Verstärkte Verluste Verlustpotenziale:** Leveraging kann sowohl Gewinne als auch Verluste multiplizieren. Selbst geringfügige Marktbewegungen können gravierende Verluste verursachen.

2. **Margin Calls:** Die Nutzung von Leverage kann zu Margin Calls führen, was zusätzliche Kapitaleinlagen oder das Schließen von Positionen erfordert, oft zu nachteiligen Konditionen.

3. **Psychologischer Druck:** Das Handeln mit hohem Leverage setzt Trader starken emotionalen Schwankungen aus.

4. **Mangelndes Risikomanagement:** Einige setzen Hebelwirkung ein, ohne eine wirksame Strategie für das Risikomanagement zu haben, was dazu führen kann, dass sie Positionen eingehen, die im Verhältnis zu ihrem verfügbaren Handelskapital übermäßig groß sind.

5. **Marktvolatilität:** Besonders in volatilen Märkten ist übermäßiges Leveraging riskant, da es häufig zu schnellen und starken Preisschwankungen kommt.

Strategien zur Risikominimierung: Erfolgreiche Trader befolgen strenge Regeln zum Geldmanagement, setzen Leverage bedacht ein und verfolgen stets eine durchdachte Risikomanagementstrategie. Dabei wird Leverage nur genutzt, wenn das Risiko-Rendite-Verhältnis dies rechtfertigt.

Risiken der hohen Fremdfinanzierung im Trading

Ein signifikantes Risiko im Trading, besonders im unberechenbaren Kryptowährungsmarkt, ist der übermäßige Einsatz von Fremdkapital. Dieser häufig aus übertriebenem Optimismus resultierende Ansatz kann zu nicht tragfähigen Handelsstrategien führen. Obwohl eine hohe Hebelwirkung die Tür zu beträchtlichen Gewinnen öffnet, steigt das Risiko von ebenso hohen Verlusten, sollte sich der Markt gegen die Position des Traders wenden. Der Schlüssel zum Erfolg liegt in der Ausgewogenheit und der Anwendung von Schutzmaßnahmen wie Stop-Loss-Orders, um das Kapital zu sichern.

Erfahrene Trader bevorzugen einen konservativeren Ansatz, der kleinere, aber stetige Gewinne anstrebt und das langfristige Portfolio-Wachstum durch disziplinierten Handel und sorgfältige Planung fördert.

Die Bedeutung eines starken Risikomanagement

Ein unzureichendes Risikomanagement ist oft der Grund, warum Trader scheitern. Es ist essenziell, effektive Strategien zu implementieren, um finanzielle Verluste zu minimieren. Instrumente wie Stop-Loss-Aufträge sind dabei unverzichtbar, da sie es ermöglichen, Positionen automatisch zu schließen, sobald der Markt gegen die eigene Erwartung dreht. Diese Tools sind besonders im kontinuierlich aktiven Kryptomarkt wertvoll, um das Kapital auch bei Abwesenheit des Traders zu schützen. Darüber hinaus ist eine Diversifikation des Portfolios, ein tiefes Verständnis der eigenen Risikotoleranz und eine angepasste Kapitalallokation entscheidend für langfristigen Erfolg. Kontinuierliches Lernen und die Anpassung an Marktveränderungen sind unabdingbar für effektives Risikomanagement.

Risikomanagement für Trading-Anfänger: Vermeidung großer Positionen

Ein verbreiteter Fehler unter Trading-Anfängern ist das Eingehen zu großer und riskanter Positionen in der Hoffnung auf schnelle Gewinne. Solche Strategien bergen nicht nur hohe Risiken, sondern sind auch langfristig nicht haltbar. Um das Kapital effektiv zu schützen, ist es wichtig, das Risiko pro Trade zu begrenzen, idealerweise auf 1-2% des Gesamtkapitals. Dies ermöglicht es, aus Fehlern zu lernen, ohne das gesamte Kapital zu gefährden. Diversifikation und eine langfristige Perspektive sind ebenfalls entscheidend, um emotionale Entscheidungen zu vermeiden und ein stabiles Wachstum des Portfolios zu fördern.

3 GÄNGIGE STRATEGIEN FÜR DEN AKTIVEN HANDEL

Für aktiven Handel, der den Kauf und Verkauf von Wertpapieren basierend auf kurzfristigen Marktbewegungen umfasst, gibt es verschiedene Strategien. Diese unterscheiden sich grundlegend von der "Buy-and-hold"-Strategie langfristiger Investitionen. Zu den gängigen aktiven Handelsstrategien zählen der Positionshandel, der sich auf längerfristige Trends konzentriert, das Swing-Trading, das auf kurz- bis mittelfristige Marktbewegungen abzielt, und der Trendhandel, bei dem Trader versuchen, von der Marktrichtung zu profitieren. Jede dieser Strategien erfordert spezifische Analysemethoden und ein effektives Risikomanagement, um erfolgreich zu sein.

1. Positionshandel

Der Positionshandel kombiniert Elemente der traditionellen Buy-and-Hold-Strategie mit aktiven Handelsansätzen. Trader, die diese Methode nutzen, stützen sich auf eine detaillierte Analyse von längerfristigen Charts – von täglichen bis zu monatlichen Darstellungen – um die allgemeine Marktrichtung zu erfassen. Ziel ist es, sich auf die Erkennung und das Mitgehen von Markttrends zu konzentrieren, ohne die Notwendigkeit, exakte Preisziele vorherzusagen. Diese Strategie verlangt nach einer besonderen Geduld und Disziplin, da sie das Halten von Positionen über Tage, Wochen oder sogar länger erfordert. Ein effektives Risikomanagement, einschließlich der Nutzung von Stop-Loss-Orders, ist dabei unerlässlich, um potenzielle Verluste zu minimieren und Kapital sinnvoll über längere Zeiträume zu allokieren. In volatilen Marktphasen ist eine erhöhte Aufmerksamkeit gefragt, um Anpassungen vorzunehmen und die Investition zu schützen.

2. Swing-Trading

Swing-Trading ist eine Strategie, die sich die Preisvolatilität zunutze macht, um von kurz- bis mittelfristigen Marktbewegungen zu profitieren. Diese Methode kommt ins Spiel, wenn bestehende Trends brechen und neue Bewegungen signalisieren. Swing-Trader halten ihre Positionen typischerweise länger als einen Tag, aber nicht so lange wie Trendhändler. Sie stützen sich auf eine Kombination aus technischer und fundamentaler Analyse, um optimale Ein- und Ausstiegspunkte zu finden, ohne dabei die exakten Höchst- oder Tiefpunkte vorhersagen zu müssen. Ein klarer Markttrend ist für das Swing-Trading ideal, während seitwärts tendierende Märkte eine Herausforderung darstellen können. Effektives Risikomanagement, einschließlich Stop-Loss-Orders, und die Anwendung technischer Indikatoren sind entscheidend, um das Verlustrisiko zu minimieren und die Chancen zu maximieren. Geduld und emotionale Stabilität sind ebenfalls unerlässlich, um die Unsicherheiten des Marktes erfolgreich zu navigieren.

3. Trendhandel

Trendhandel ist eine Handelsstrategie, die darauf abzielt, von langfristigen Markttrends zu profitieren. Trendhändler identifizieren und folgen der Richtung des Marktes, indem sie in einem Aufwärtstrend kaufen und in einem Abwärtstrend verkaufen. Sie nutzen technische Analysewerkzeuge, um Trendlinien, Unterstützungs- und Widerstandsniveaus zu bestimmen und daraufhin ihre Trades auszurichten. Diese Methode erfordert Geduld, da Positionen über einen längeren Zeitraum gehalten werden, um signifikante Preisbewegungen auszunutzen. Effektives Risikomanagement und eine klare Exit-Strategie sind für den Erfolg des Trendhandels entscheidend.

EFFEKTIVE STRATEGIEN FÜR KONZENTRIERTES TRADING

Ein konzentrierter Handelsansatz ist entscheidend, um in der schnelllebigen Welt des Tradings erfolgreich zu sein.

Hier sind verbesserte und ergänzte Methoden, um Ihre Konzentration zu maximieren:

1. **Störungsfreie Umgebung**: Vermeiden Sie Unterbrechungen durch Telefonate oder das Internet, die Ihre Aufmerksamkeit vom Handel ablenken könnten.

2. **Ruhige Arbeitsatmosphäre:** Schalten Sie das Radio aus und minimieren Sie Hintergrundgeräusche, um die Konzentration zu fördern.

3. **Aktive Haltung**: Erwägen Sie, im Stehen zu handeln, um Wachsamkeit und Konzentration zu steigern.

4. **Verbalisieren Sie Ihre Strategie**: Sprechen Sie Ihre Handelsüberlegungen laut aus, um Klarheit und Fokus zu schaffen.

5. **Strategie-Check**: Überprüfen Sie regelmäßig Ihre Handelsregeln, um Disziplin zu wahren.

6. **Reflexion durch Tagebuch:** Nutzen Sie ein Handelstagebuch, um aus vergangenen Erfahrungen zu lernen.

Zusätzliche Tipps:

- **Zielsetzung**: Definieren Sie klare Ziele für jeden Handel, um zielgerichtet vorzugehen.

- **Pausenmanagement**: Integrieren Sie regelmäßige Pausen, um Übermüdung vorzubeugen.

- **Emotionale Kontrolle**: Handeln Sie objektiv und vermeiden Sie emotionale Entscheidungen.

- **Weiterbildung**: Bleiben Sie durch kontinuierliches Lernen auf dem Laufenden.

- **Optimieren Sie Ihre Umgebung**: Gestalten Sie Ihren Arbeitsbereich störungsfrei und förderlich für den Fokus.

Diese erweiterten Strategien helfen, Ihren Handelsfokus zu schärfen und tragen zu einer verbesserten Handelsleistung bei.

1. Minimieren Sie Ablenkungen durch Telefonate

Aktive Händler sollten jegliche Telefonanrufe während der Handelszeiten vermeiden, um ihre Konzentration nicht zu gefährden.

Selbst das Klingeln eines Telefons kann die Aufmerksamkeit stören und das Urteilsvermögen beeinträchtigen.

Das Führen von Gesprächen kann nicht nur ablenken, sondern auch emotional aufwühlen, was wiederum die Handelsentscheidungen negativ beeinflussen kann. Eine effektive Strategie ist, das Telefon stumm zu schalten oder auszuschalten, ähnlich wie ein Profi-Basketballspieler, der sich während eines Freiwurfs voll und ganz auf diesen konzentriert.

2. Schalten Sie die Musik aus, um den Fokus zu bewahren

Während Musik im Alltag oft eine Quelle der Inspiration ist, kann sie beim Handeln ablenkend wirken und ungewollte Emotionen hervorrufen. Es ist empfehlenswert, auf das Hören von Musik zu verzichten, um eine optimale Konzentration zu gewährleisten und emotionale Entscheidungen zu vermeiden, die Ihre Handelsergebnisse negativ beeinflussen könnten.

3. Beschränken Sie Ihre Internetnutzung während des Handelns

Das Internet kann eine große Ablenkungsquelle sein. Schnell findet man sich in sozialen Netzwerken wieder, checkt das Wetter oder antwortet auf E-Mails, und ehe man sich versieht, sind Stunden vergangen. In dieser Zeit können entscheidende Marktbewegungen verpasst werden. Um den Fokus auf den Handel zu behalten, ist es ratsam, die Nutzung des Internets auf das Notwendigste zu beschränken und persönliche Aktivitäten auf Zeiten außerhalb der Handelsstunden zu verlegen.

4. Steigern Sie Ihre Energie durch Stehen

Stehend zu handeln, wie es oft bei professionellen Brokern der Fall ist, kann Vitalität und Entschlossenheit fördern. Die physische Aktivität und der Wechsel der Körperhaltung können Apathie entgegenwirken und die Konzentration steigern.

Nutzen Sie höhenverstellbare Schreibtische, um eine ergonomische Haltung beim Stehen zu gewährleisten. Eine aktive Körperhaltung kann nicht nur Ihre eigene Energie steigern, sondern auch dazu beitragen, dass Sie in der schnelllebigen Welt des Handels wettbewerbsfähig bleiben.

5. Selbstgespräche als Werkzeug für fokussiertes Trading

Während Selbstgespräche in vielen Bereichen missverstanden werden, sind sie im Daytrading eine effektive Methode, um Klarheit und Konzentration zu bewahren. Indem Sie Ihre Überlegungen und Entscheidungen laut artikulieren, fördern Sie eine tiefere Reflexion und vermeiden vorschnelle Handlungen. Dieser Ansatz hilft, Ihre Gedanken zu ordnen und bewusste Entscheidungen zu treffen. Erinnern Sie sich daran, dass Ehrlichkeit gegenüber sich selbst im Trading essenziell ist, um konsistent Erfolg zu haben.

6. Halten Sie Ihre Handelsregeln stets im Blick

Es ist entscheidend, während des Handelstages regelmäßig Ihre festgelegten Handelsregeln zu überprüfen, um Disziplin und Konsistenz zu wahren. Eine effektive Methode könnte sein, einen Bildschirm ausschließlich für die Anzeige Ihrer Regeln zu nutzen, ähnlich einer Diashow. Dies mag zunächst übertrieben erscheinen, doch es ist eine bewährte Strategie, um Fehler zu minimieren und vergleichbar mit dem regelmäßigen Blick in die Seitenspiegel beim Autofahren.

7. Reflektieren Sie mithilfe Ihres Handelstagebuchs

Ein tägliches Lesen im eigenen Handelstagebuch vor dem Marktstart ermöglicht es, frühere Erfahrungen, Gedanken und Emotionen zu reflektieren. Diese Praxis kann Selbstvertrauen stärken und Motivation bieten, indem sie sowohl erfolgreiche Perioden als auch herausfordernde Phasen ins Gedächtnis ruft.

Die Anpassung dieser und anderer Methoden an Ihre persönlichen Bedürfnisse ist essentiell, um einen effektiven, wiederholbaren Handelsprozess zu entwickeln. Erinnern Sie sich: Jede dieser Strategien ist vorteilhafter als das Handeln mit Ablenkungen wie Netflix im Hintergrund.

LERNEN SIE EINE STRATEGIE NACH DER ANDEREN

Beim Lernen von Trading-Strategien ist es effektiver, sich zunächst auf eine einzelne Methode zu konzentrieren, anstatt viele Ansätze gleichzeitig zu verfolgen. Dieser Ansatz verhindert Überforderung und fördert ein tieferes Verständnis für spezifische Techniken.

Anfänger sollten mit einer Strategie beginnen, diese gründlich üben – idealerweise über einen Zeitraum von mindestens sechs Monaten in einem Demokonto – und erst dann weitere Strategien erkunden.

Erfolgreiches Trading basiert oft auf der Beherrschung einiger weniger, gut ausgewählter Methoden, anstatt einer breiten, aber oberflächlichen Kenntnis. Konzentrieren Sie sich darauf, was tatsächlich zur Verbesserung Ihrer Handelsergebnisse beiträgt, statt Informationen zu sammeln, die letztendlich nicht genutzt werden.

Warum nur eine Handelsstrategie?

Das Konzentrieren auf eine einzige Handelsstrategie ist effektiv, weil es ermöglicht, spezifische Marktein- und -austrittsbedingungen festzulegen, objektiv Handelsmöglichkeiten zu erkennen und die Leistung historisch zu bewerten. Eine gut beherrschte Strategie, die unter verschiedenen Marktbedingungen funktioniert, ist wertvoller als oberflächliches Wissen über viele Strategien.

Die intensive Anwendung und Übung einer Strategie führen zu tieferem Verständnis, weniger Zögern beim Handeln und reduzierten Verlusten. Die Meisterung einer profitablen Strategie ist entscheidend, bevor man sich neuen Ansätzen widmet.

SETZEN SIE EINE STOP-LOSS-ORDER EIN

Die Einrichtung einer Stop-Loss-Order ermöglicht es Händlern, Verluste zu begrenzen, indem Positionen automatisch geschlossen werden, wenn der Kurs eines Vermögenswerts entgegen den Erwartungen fällt.

Da Märkte unberechenbar sind und Verlustgeschäfte unvermeidlich, bietet ein Stop-Loss essentiellen Schutz, indem er größere Verluste verhindert und Händler dazu zwingt, ihre Marktanalyse zu überdenken.

Riskieren Sie weniger als 1% des Kapitals pro Handel

Setzen Sie den Stop-Loss so, dass Verluste auf unter 1% des Kontostands begrenzt werden.

Die Differenz zwischen Einstiegs- und Stop-Loss-Preis bestimmt das Handelsrisiko, welches, multipliziert mit der Position, das 1%-Risiko des Kapitals nicht überschreiten sollte.

Stop-Loss-Order basieren auf den heutigen Marktbedingungen

Setzen Sie Stop-Loss-Orders basierend auf einer erprobten Strategie und unter Berücksichtigung der aktuellen Volatilität.

Wenn eine Aktie heute deutlich volatiler ist als in der Vergangenheit, sollte der Stop-Loss dies reflektieren. Passen Sie den Stop-Loss so an, dass er dem Handel mehr Flexibilität bietet, und reduzieren Sie entsprechend die Positionsgröße. An besonders ruhigen Tagen kann der Stop-Loss näher an den Einstiegskurs heranrücken.

Die Gewinnziele basieren auf den aktuellen Marktbedingungen

Passen Sie Gewinnziele an die Marktvolatilität an, genau wie Stop-Loss-Orders. Bei hoher Volatilität setzen Sie die Ziele weiter vom Einstiegspunkt, um die größeren Risiken auszugleichen. In weniger volatilen Zeiten können Gewinnziele näher am Einstiegspunkt angesetzt werden, passend zu den engeren Stop-Loss-Orders.

Der potenzielle Gewinn sollte bei jedem Handel das Risiko überwiegen

Für einen effektiven Handel sollte das potenzielle Gewinnziel das Risiko übersteigen, wobei das Verhältnis zwischen Gewinn und Verlust sorgfältig zu managen ist. Daytrader sollten Trades bevorzugen, bei denen der erwartete Gewinn den potenziellen Verlust deutlich übersteigt, was eine strategische Auswahl der Einstiegspunkte und eine realistische Setzung der Gewinnziele voraussetzt. Ein gutes Verhältnis könnte sein, dass das Gewinnziel doppelt so weit vom Einstiegspunkt entfernt ist wie der Stop-Loss, um das Verhältnis von Risiko zu Ertrag zu optimieren.

Implementieren Sie einen täglichen Stop-Loss

Implementieren Sie einen täglichen Stop-Loss, um das tägliche Verlustrisiko zu begrenzen. Dies hilft, schlechte Handelstage zu kontrollieren, ohne das gesamte Konto zu gefährden. Setzen Sie tägliche Verlustgrenzen auf ein realistisch ausgleichbares Maß an profitablen Tagen.

Verwenden Sie Limit-Orders beim Eingehen von Positionen

Nutzen Sie Limit-Orders, um präzise Einstiegspreise beim Handel festzulegen. Diese Orders garantieren eine Ausführung zum festgelegten oder einem besseren Preis, was die Kontrolle über Ihre Handelsstrategie verbessert und unerwünschte Abweichungen durch Marktaufträge vermeidet.

Handeln Sie jeden Tag zur gleichen Zeit

Handeln Sie täglich zur gleichen Zeit, um die spezifischen Verhaltensmuster der Märkte zu nutzen, und konzentrieren Sie sich auf einen einzelnen Markt oder ein spezifisches Instrument.

Dieser Ansatz ermöglicht es, Expertise in einem Bereich zu entwickeln und konsistentere Ergebnisse zu erzielen, als sich auf viele Bereiche zu verteilen.

Die Kursentwicklung ist wichtiger als Indikatoren

Die Kursentwicklung eines Vermögenswerts bietet direktere Einblicke in das Marktgeschehen als technische Indikatoren. Diese Indikatoren leiten ihre Informationen aus historischen Daten ab und können somit nicht die aktuellen Marktbedingungen reflektieren.

Im Gegensatz dazu spiegelt der aktuelle Kurs unmittelbar die gegenwärtigen Ereignisse und Stimmungen am Markt wider, was ihn zu einer wertvollen Informationsquelle macht.

Vertrauen Sie sich selbst, Ihrer Forschung und Ihrer Praxis

Vertrauen Sie auf Ihre Fähigkeiten, Ihre Forschung und die Praxis. Das endlose Suchen nach neuem Wissen und das Springen von einem Handels-"Guru" zum nächsten kann oft mehr verwirren als helfen. Wichtiger als eine Vielzahl von Strategien zu kennen, ist es, eine einzelne Strategie effektiv zu meistern. Sobald Sie Erfolg mit einer Strategie haben, vertrauen Sie auf dieses Wissen und Ihre

Erfahrungen. Es ist Ihr Geld, das auf dem Spiel steht, und letztlich zählt Ihr Urteilsvermögen und Ihre Disziplin.

Vermeiden Sie Ablenkungen

Minimieren Sie Ablenkungen, um Ihre Handelsstrategie konsequent anwenden zu können. Externe Einflüsse, die von Ihrer bewährten Methode ablenken, sollten vermieden werden. Bleiben Sie Ihrer erfolgreichen Strategie treu, ohne sich von den Marktmeinungen anderer beeinflussen zu lassen.

Lassen Sie nicht zu, dass aus einem einzigen Fehler mehr wird

Verhindern Sie, dass ein Handelsfehler zu weiteren Problemen führt. Akzeptieren Sie Fehler als Teil des Handelsprozesses, korrigieren Sie diese umgehend und konzentrieren Sie sich erneut auf Ihre Handelsstrategie. Ziel ist es, langfristig profitabel zu handeln, ohne dass einzelne Fehler eskalieren und Ihr Kapital gefährden.

DIE 3 WICHTIGSTEN REGELN FÜR ERFOLGREICHES HANDELN

Um erfolgreich zu handeln, ist es essentiell, bestimmte Grundregeln zu befolgen. Erstens sollte stets ein klar definierter Handelsplan erstellt und befolgt werden, der Einstiegs- und Ausstiegspunkte sowie Geldmanagementstrategien umfasst. Zweitens ist der Schutz des Handelskapitals von größter Bedeutung; Verluste sind unvermeidlich, doch durch vorsichtiges Risikomanagement können diese minimiert und kontrolliert werden.

Drittens sollte kontinuierliches Lernen und Anpassung an die sich ständig ändernden Marktbedingungen ein zentraler Bestandteil der Handelsstrategie sein. Diese drei Regeln zusammen bieten eine solide Basis für den Erfolg im Handel.

Regel 1: Erstellen und befolgen Sie einen detaillierten Handelsplan

Ein solider Plan definiert präzise, wann und wie Sie handeln. Dies umfasst Einstiegs- und Ausstiegspunkte sowie Strategien für Geldmanagement. Die Durchführung von Backtesting hilft dabei, die Effektivität Ihrer Strategie zu bewerten.

Regel 2: Engagieren Sie sich für lebenslanges Lernen über die Märkte

Das Marktumfeld ist dynamisch, beeinflusst durch globale Ereignisse, Wirtschaftstrends und mehr. Ein kontinuierliches Studium der Märkte bereitet Sie besser auf zukünftige Handelsentscheidungen vor. In ihrer Gesamtheit bilden diese Leitlinien das Fundament für eine dauerhaft erfolgreiche Karriere im Handel.

Regel 3: Bewahren Sie Ihr Handelskapital

Verstehen Sie, dass der Schutz Ihres Kapitals oberste Priorität hat, selbst wenn Verluste unvermeidlich sind.

Effektives Risikomanagement ist entscheidend, um langfristig im Handel bestehen zu können.

WELCHER ZEITRAHMEN EIGNET SICH AM BESTEN FÜR DEN INTRADAY-HANDEL?

Der ideale Zeitrahmen für den Intraday-Handel variiert je nach Strategie und Zielen des Händlers. Generell gilt die Zeit zwischen 9:30 und 10:30 Uhr oft als optimal. Anfänger sollten den Markt zu Beginn beobachten, um die Auswirkungen von Übernacht-Nachrichten zu analysieren. Die ersten Stunden bieten aufgrund hoher Volatilität und Liquidität gute Handelschancen, erfordern aber sorgfältige Analyse und Planung. Schnelles Ein- und Aussteigen ist zu dieser Zeit wahrscheinlicher.

Der optimale Candlestick-Zeitrahmen für Daytrading

Für Daytrader sind die 5-Minuten- und 15-Minuten-Candlestick-Charts unverzichtbare Werkzeuge, um Marktbewegungen effektiv zu analysieren. Candlestick-Charts bieten mit den vier Hauptelementen – Eröffnungspreis, Höchstpreis, Tiefstpreis und Schlusspreis, bekannt als OHLC – einen detaillierten Einblick in die Preisentwicklung innerhalb des gewählten Zeitrahmens. Die Entscheidung für den einen oder anderen Zeitrahmen sollte auf der individuellen Handelsstrategie und den Zielen des Traders basieren.

Eine effektive Nutzung dieser Charts ermöglicht es Daytradern, von den kurzfristigen Marktschwankungen zu profitieren, indem sie ein tieferes Verständnis für die Volatilität des Marktes entwickeln. Während der 5-Minuten-Chart besonders nützlich ist, um schnelle Entscheidungen auf der Grundlage der letzten 5 Minuten zu treffen, bietet der 15-Minuten-Chart einen breiteren Überblick, der für eine umsichtigere Entscheidungsfindung hilfreich sein kann.

Stundencharts ergänzen diese Perspektiven, indem sie die Preisbewegungen innerhalb einer Stunde darstellen, und sind ebenfalls ein wertvolles Tool für Daytrader.

Die Auswahl des optimalen Zeitrahmens ist eine persönliche Entscheidung, die stark von den spezifischen Bedürfnissen, der Risikobereitschaft und den Zielen des einzelnen Traders abhängt. Es ist ratsam, verschiedene Zeitrahmen zu experimentieren und denjenigen zu wählen, der am besten zu Ihrer individuellen Handelsstrategie passt. Daytrading erfordert Flexibilität und Anpassungsfähigkeit, und die Wahl des richtigen Zeitrahmens ist entscheidend für den Erfolg.

EFFIZIENTES DAYTRADING IN NUR ZWEI STUNDEN TÄGLICH

Daytrading kann auch mit begrenztem Zeitbudget erfolgreich sein, insbesondere wenn man sich auf die geschäftigsten Zeiten des Handelstages konzentriert: die erste und die letzte Stunde.

Diese Zeitspannen zeichnen sich durch erhöhte Handelsaktivität aus, teilweise bedingt durch Aufträge von Privatanlegern nach Arbeitsende und die strategischen Entscheidungen von institutionellen Investoren wie Investmentfonds und Hedgefonds. Ein wesentlicher Vorteil dieses Plans ist die Nutzung des hohen Handelsvolumens in diesen Zeiten. Das Volumen ist ein Schlüsselindikator für die Intensität, mit der ein Vermögenswert gehandelt wird, und bietet Einblicke in die Marktstimmung. Ein höheres Volumen signalisiert starkes Anlegerinteresse und mögliche Preisbewegungen, während ein niedriges Volumen auf mangelndes Interesse hindeuten kann.Daytrader nutzen diese Stunden, um von der starken Volatilität zu profitieren, wobei die Praxis, Positionen nicht über Nacht zu halten, das Volumen zusätzlich erhöht.

Das Setzen von Limit-Orders zu strategischen Preisen ermöglicht es, von kurzfristigen Preisabweichungen zu profitieren, ohne einem übermäßigen Risiko ausgesetzt zu sein. Durch die Konzentration auf diese Schlüsselzeiten können Daytrader mit begrenztem Zeitbudget effektiv agieren, ohne die Chancen auf Gewinne zu mindern. Dieser Ansatz erfordert Disziplin und eine gute Marktkenntnis, ermöglicht es aber, Daytrading mit einer regulären Arbeitszeit zu vereinbaren.

Verständnis und Anwendung von Gap-Trading

Gap-Trading ist eine fortgeschrittene Handelsstrategie, die Preisunterschiede in den Aktiencharts ausnutzt.

Diese Preisunterschiede, auch Gaps genannt, entstehen, wenn zwischen dem Schlusskurs eines Handelstages und dem Eröffnungskurs des nächsten eine deutliche Preisdifferenz besteht, ohne dass Handelsaktivitäten diesen Bereich abdecken. Solche Gaps bieten Tradern attraktive Gewinnmöglichkeiten.

Ein praktisches Beispiel: Sie erwerben Aktien des Unternehmens ABC zu einem Preis von 30 USD. Nach dem Börsenschluss veröffentlicht das Unternehmen überraschend positive Quartalsergebnisse. Basierend auf dieser positiven Entwicklung erwarten Sie, dass der Aktienkurs bei Markteröffnung auf 35 USD springt. Tritt diese Erwartung ein, ergibt sich ein Gap von 5 USD, das potenziell 5 USD Gewinn pro Aktie verspricht, sofern Sie zum höheren Preis verkaufen.

Gaps können durch verschiedene Faktoren ausgelöst werden, darunter Unternehmensankündigungen, makroökonomische Nachrichten oder signifikante Marktstimmungsänderungen. Erfahrene Trader nutzen technische Analysen, um Gaps zu identifizieren und deren Handelspotenzial zu bewerten. Es ist entscheidend, die verschiedenen Gap-Typen zu verstehen – darunter Ausbruchs-, Erschöpfungs- und gewöhnliche Gaps – und die jeweiligen Risiken zu berücksichtigen.

DIE 3-TAGE-REGEL: EIN STRATEGISCHER ANSATZ ZUR RISIKOMINDERUNG

Die 3-Tage-Regel ist eine bewährte Anlagestrategie, die darauf abzielt, das Risiko eines Investments nach einem signifikanten Kursrückgang einer Aktie zu minimieren. Diese Regel empfiehlt, mit dem Kauf einer Aktie drei Tage zu warten, wenn diese einen starken Preisverfall erlebt hat.

Die Gründe für diese Wartezeit sind vielfältig:

1. **Margin Calls:** Starke Kursrückgänge können Margin Calls bei gehebelten Positionen auslösen, was zu weiteren Verkäufen und einem anhaltenden Preisrückgang führen kann.

2. **Institutionelle Verkäufe:** Große institutionelle Anleger verteilen ihre Verkäufe oft über mehrere Tage, um den Markt nicht zu übersättigen und den Verkaufspreis zu optimieren.

3. **Optionshandel und Volatilität:** Der Handel mit Optionen nach einem Kursrückgang kann zu Verzögerungen führen, die den Aktienkurs weiter beeinflussen.

Indem Anleger die 3-Tage-Regel befolgen, können sie das Risiko minimieren, zu früh in eine fallende Aktie zu investieren, und stattdessen eine informiertere Entscheidung treffen, nachdem sich der Markt stabilisiert hat.

Welche Vorteile bringt Ihnen die 3-Tage-Regel?

Die Anwendung der 3-Tage-Regel bringt für Anleger wesentliche Vorteile, um nach einem deutlichen Kursrückgang strategisch zu investieren. Diese Regel hilft, das Einstiegsrisiko zu minimieren und die Chancen auf eine profitable Investition zu erhöhen. Die Kernvorteile umfassen:

1. **Ermöglicht einen besseren Kaufpreis:** Das Abwarten gibt die Chance, zu einem günstigeren Preis einzusteigen, da die Aktie möglicherweise weiter fällt.

2. **Zeit für gründliche Analyse:** Die Wartezeit bietet Gelegenheit, den Grund für den Kursrückgang zu untersuchen. Diese Analyse hilft zu erkennen, ob der Rückgang durch ein vorübergehendes Ereignis oder durch fundamentale Probleme verursacht wurde.

3. **Informierte Entscheidungsfindung**: Durch die Untersuchung des Unternehmens, seiner Branche und der Marktbedingungen kann eine fundierte Entscheidung getroffen werden. Die Bewertung von Konkurrenten und die Analyse von Finanzkennzahlen unterstützen bei der Einschätzung der langfristigen Perspektiven.

FOREX-VERSUS AKTIEN-DAYTRADING

Forex- und Aktienmärkte sind zwei distinkte Segmente des Finanzuniversums, die sich durch individuelle Charakteristika, Risikoprofile und Handelsdynamiken voneinander abheben. Während der Forex-Markt sich auf den Handel mit Währungen und deren Wechselkursbewegungen konzentriert, befasst sich der Aktienmarkt mit dem Kauf und Verkauf von Unternehmensanteilen, was ihn zu einer Plattform für die Beteiligung an der wirtschaftlichen Leistung von Unternehmen macht.

Forex-Daytrading

Forex-Daytrading ist aufgrund niedrigerer Kapitalanforderungen zugänglich, bietet umfangreiche Handelszeiten (24 Stunden an 5 Tagen der Woche), was eine hohe Flexibilität für Trader ermöglicht, besonders für diejenigen, die außerhalb der regulären Börsenzeiten handeln möchten.

Der Fokus auf Währungen und Währungspaare eröffnet eine globale Handelsperspektive, wodurch Trader von weltweiten Wirtschaftsereignissen profitieren können.

Aktien-Daytrading

Aktien-Daytrading erfordert oft ein Mindestkapital von 25.000 $ für Muster-Daytrader, was eine hohe Barriere für manche darstellt. Die Handelszeiten sind auf Börsenzeiten beschränkt, was die Flexibilität einschränkt.

Der Fokus liegt auf dem Handel mit Unternehmensanteilen, was tiefgreifende Analysen ermöglicht. Im Vergleich bietet Forex-Daytrading mehr Flexibilität bei Handelszeiten und geringeren

Kapitalanforderungen, während Aktien-Daytrading durch feste Zeiten und die Möglichkeit zur Unternehmensanalyse gekennzeichnet ist.

Die Wahl hängt von den individuellen Präferenzen und Ressourcen ab.

Was ist Forex im Vergleich zu Aktien?

Forex, der Devisenmarkt, ist mit einem täglichen Handelsvolumen von etwa 6 Billionen Dollar der weltweit größte Finanzmarkt. Hier handeln Anleger mit Währungen, was den Austausch einer Währung gegen eine andere umfasst. Aktienhandel hingegen bezieht sich auf den Kauf und Verkauf von Unternehmensanteilen, mit einem deutlich geringeren täglichen Handelsvolumen von rund 200 Milliarden Dollar. Der Hauptunterschied liegt also im Handelsobjekt: Währungen bei Forex und Unternehmensanteile auf dem Aktienmarkt.

Wovon wird am meisten profitiert?

Die Profitabilität im Handel mit Forex oder Aktien hängt stark von individuellen Strategien, Marktkenntnissen und Risikobereitschaft ab. Forex bietet aufgrund seiner hohen Volatilität und dem 24-Stunden-Handel Möglichkeiten für kurzfristige, regelmäßige Gewinne. Der Aktienmarkt bietet Sicherheit und Potenzial für langfristige Gewinne, ist aber weniger volatil. Letztendlich bestimmen persönliche Präferenzen und Handelsziele, welche Option profitabler sein könnte.

Handelszeiten des Marktes

Der Devisenmarkt bietet rund um die Uhr Handel über verschiedene Zeitzonen hinweg, was zu einer hohen Flexibilität führt, insbesondere während der Überlappung von Marktöffnungszeiten wie in London und New York. Im Gegensatz dazu sind die Handelszeiten für Aktien durch die festgelegten Öffnungszeiten der jeweiligen Börsen begrenzt, was den Handel auf etwa acht Stunden pro Tag einschränkt und somit weniger Flexibilität als beim Forex-Handel bietet.

Was ist leichter zu handeln?

Die Entscheidung, ob Forex oder Aktien leichter zu handeln sind, hängt von den individuellen Vorlieben und Fähigkeiten des Traders ab. Während Online-Handelsplattformen den Einstieg in beide Märkte erleichtern, erfordern erfolgreiche Geschäfte in beiden Bereichen eine gründliche Marktforschung, technische Analyse und eine fundierte Strategie.

Die Wahl zwischen dem Handel mit Devisen oder Aktien hängt letztlich von der persönlichen Neigung ab, ob man globale Wirtschaftsdaten oder spezifische Unternehmensinformationen analysieren möchte. Beide Märkte bergen hohe Risiken, und es gibt kein einheitliches "leichter zu handeln".

Liquidität

Die hohe Liquidität des Forex-Marktes, resultierend aus seinem enormen Handelsvolumen, führt zu engeren Spreads und somit geringeren Transaktionskosten für Trader. Im Gegensatz dazu variiert die Liquidität im Aktienmarkt je nach Handelsvolumen der einzelnen Aktien erheblich. Aktien mit niedrigem Handelsvolumen sind weniger liquide und daher schwieriger zu handeln als solche mit hohem Volumen.

Die kontinuierliche Verfügbarkeit des Forex-Marktes trägt zusätzlich zu seiner überlegenen Liquidität bei, während die Liquidität im Aktienmarkt durch feste Handelszeiten und das Volumen der jeweiligen Aktie limitiert wird.

Volumen

Das immense Handelsvolumen des Forex-Marktes übertrifft das des Aktienmarktes bei weitem, was den Forex-Markt zum größten Finanzmarkt der Welt macht. Dieses hohe Volumen bringt bedeutende Vorteile mit sich, wie etwa die vereinfachte Ausführung von Aufträgen. Händler können ihre Positionen oft zu Preisen schließen, die ihren Erwartungen näher kommen, was im Aktienmarkt aufgrund geringerer Liquidität nicht immer der Fall ist.

Handel mit CFDs

Der Handel mit Differenzkontrakten (CFDs) erlaubt es Anlegern, auf die Preisbewegung von Vermögenswerten wie Aktien und Devisen zu spekulieren, ohne diese physisch zu besitzen. Dieser Handel basiert auf der Differenz zwischen dem Ein- und Ausstiegspreis des Vermögenswerts. CFDs bieten Flexibilität und die Möglichkeit, sowohl auf steigende als auch auf fallende Märkte zu spekulieren, was sie seit ihrer Einführung in den 1990er Jahren zu einer beliebten Handelsoption macht.

CFD-Vorteile

CFDs bieten die Möglichkeit, mit Hebeln zu arbeiten, was bedeutet, dass Händler größere Positionen mit einem geringeren Kapitaleinsatz kontrollieren können. Dies erhöht sowohl die potenziellen Gewinne als auch die Risiken. CFDs erlauben es, auf fallende Kurse zu spekulieren, was besonders im Aktienmarkt vorteilhaft sein kann. Sie umgehen zudem typische Gebühren und Probleme des direkten Besitzes von Währungen im Forex-Handel. Allerdings birgt der CFD-Handel, besonders durch die Nutzung von Hebeln, ein hohes Verlustrisiko und kann zum Überhandeln verleiten.

7 GOLDENE REGELN FÜR DEN HANDELSERFOLG

Die sieben goldenen Regeln für den Handelserfolg umfassen universelle Prinzipien, die für verschiedene Handelsformen wie Aktien, Optionen, Futures und Forex gelten. Sie bieten einen grundlegenden Rahmen für effektive Handelsstrategien und Risikomanagement, unabhängig vom spezifischen Markt.

Regel Nr. 1: Befolgen Sie Ihren schriftlichen Handelsplan

Die Entwicklung und konsequente Befolgung eines schriftlich festgelegten Handelsplans ist von unschätzbarem Wert für jeden Trader, der langfristigen Erfolg anstrebt.

Ein solcher Plan dient nicht nur als Wegweiser durch die oft turbulente Welt des Handels, sondern zwingt den Händler auch, eine disziplinierte Herangehensweise zu verfolgen, die für die Erzielung konsistenter Ergebnisse unerlässlich ist. Indem man seine Handelsstrategien, Risikomanagementtechniken und finanziellen Ziele schriftlich festhält, schafft man eine objektive Grundlage, die emotionale Entscheidungen und impulsives Handeln minimiert.

Regel Nr. 2: Lernen Sie täglich weiter

Die fortlaufende Weiterbildung spielt eine zentrale Rolle im Handel, bedingt durch die dynamische Natur der Finanzmärkte und die stetige Evolution erfolgreicher Handelsstrategien.

Märkte reagieren sensibel auf eine Vielzahl von Einflussfaktoren, einschließlich wirtschaftlicher Indikatoren, politischer Ereignisse und technologischer Entwicklungen, was bedeutet, dass das, was heute als eine effektive Strategie gilt, morgen möglicherweise schon überholt sein kann. Daher ist es für Händler von entscheidender Bedeutung, sich kontinuierlich weiterzubilden und auf dem neuesten Stand der Marktentwicklungen und Handelstechniken zu bleiben. Ein tägliches Engagement, sei es durch das Studium von Fachartikeln, das Anschauen von Lehrvideos oder das Teilnehmen an Webinaren und Online-Kursen, ist unerlässlich.

Regel Nr.3: Lassen Sie Verluste nicht anwachsen

Die Implementierung von Stopp-Loss-Orders gemäß den Richtlinien Ihres Handelsplans ist ein unverzichtbarer Schritt, um potenzielle Verluste effektiv zu kontrollieren und zu begrenzen. In der Welt des Handels, wo die Märkte oft unvorhersehbar und volatil sind, stellt die vorherige Festlegung von Risikominderungsmaßnahmen eine grundlegende Säule für den Schutz Ihres Kapitals dar.

Ein wohlüberlegter Stopp-Loss, der sorgfältig innerhalb der Grenzen Ihrer persönlichen Verlusttoleranz platziert wird, gewährleistet, dass Sie auch in turbulenten Marktphasen die Kontrolle behalten.

Regel Nr.4: Setzen Sie niemals ein Kursziel

Das Bestimmen von fixen Kurszielen in Ihrem Handelsplan könnte ungewollt das Potenzial Ihrer Gewinne begrenzen, indem es Sie dazu verleitet, aus einer Position auszusteigen, bevor der Markt sein volles Gewinnpotenzial entfaltet hat. Eine flexiblere Herangehensweise, die das Prinzip "Gewinne laufen lassen" verfolgt, kann in diesem Zusammenhang vorteilhafter sein. Durch die Anwendung einer dynamischen Stop-Loss-Strategie, wie beispielsweise einer nachlaufenden Stop-Loss-Order, können Sie nicht nur bereits erzielte Gewinne absichern, sondern auch sicherstellen, dass Sie weiterhin an möglichen zukünftigen Kurssteigerungen partizipieren. Dies ermöglicht es, das Beste aus beiden Welten zu schaffen: Sicherheit und das Potential für zusätzliche Gewinne.

Regel Nr.5: Eine Strategie nach der anderen beherrschen

Es ist von fundamentaler Bedeutung, dass man sich dem Erlernen und der Vervollkommnung einzelner Handelsstrategien mit voller Hingabe widmet, anstatt seine Aufmerksamkeit flüchtig über eine Vielzahl verschiedener Ansätze zu verteilen.

Eine solche fokussierte Herangehensweise ermöglicht es dem Trader, in die Tiefen einer spezifischen Strategie einzutauchen, ihre subtilen Nuancen, die damit verbundenen Risiken sowie die potenziellen Vorteile gründlich zu verstehen. Durch diesen Prozess erwirbt der Trader wertvolle Einblicke und Erfahrungen, die bei der späteren Exploration und Anwendung weiterer Handelsstrategien von unschätzbarem Wert sind.

Regel Nr.6: Hören Sie auf die Charts

Es ist von entscheidender Bedeutung, das Vertrauen in die Informationen zu setzen, die durch die Analyse von Charts und Diagrammen gewonnen werden, denn diese visualisieren eine Fülle von essentiellen Marktdaten, einschließlich, aber nicht beschränkt auf, Preisbewegungen und Handelsvolumina.

Diese grafischen Darstellungen bieten einen unverzichtbaren Einblick in die Marktstimmung und die Dynamik von Angebot und Nachfrage, indem sie historische und aktuelle Preisaktionen zusammenfassen und somit eine objektive Grundlage für die Bewertung zukünftiger Marktbewegungen schaffen.

Die technische Analyse, die auf diesen Daten aufbaut, ermöglicht es Tradern, Muster und Trends zu erkennen, Unterstützungs- und

Widerstandsniveaus zu identifizieren und potenzielle Ein- und Ausstiegspunkte zu bestimmen.

Regel Nr.7: Machen Sie keine Ausreden

Es ist unabdingbar, das eigene Vertrauen in die wertvollen Einsichten zu setzen, die durch detaillierte Chartanalysen erlangt werden können. Diese visuellen Darstellungen aggregieren eine umfangreiche Palette von kritischen Marktdaten, die weit über einfache Preisbewegungen und Handelsvolumina hinausgehen. Sie bieten einen tiefgreifenden Einblick in die psychologischen Dynamiken des Marktes, die Wechselwirkungen zwischen Käufern und Verkäufern und die allgemeine Markttendenz. Durch die Abbildung der historischen und zeitgenössischen Preisaktionen liefern Charts eine objektive Basis, die für eine präzise Einschätzung zukünftiger Marktrichtungen unerlässlich ist.

In einer Welt, in der externe Faktoren und die Massenpsychologie der Marktteilnehmer einen erheblichen Einfluss auf die Preisentwicklung ausüben, stellt die technische Analyse ein entscheidendes Instrumentarium bereit, um durch die Unsicherheiten der Finanzmärkte zu navigieren und eine methodische, datenbasierte Herangehensweise an den Handel zu verfolgen. Indem Trader auf die klaren und objektiven Signale bauen, die aus einer sorgfältigen Analyse von Charts und Marktdaten gewonnen werden, können sie eine effektive Strategie für den Umgang mit den Unberechenbarkeiten des Marktes entwickeln und ihre Aussichten auf einen dauerhaften Handelserfolg signifikant verbessern.

DAS FADING

Fading ist eine fortgeschrittene Handelsstrategie, die bewusst gegen den aktuellen Markttrend setzt, indem sie auf eine Umkehr spekuliert. Diese Methode birgt ein hohes Risiko, da sie der allgemeinen Marktrichtung widerspricht, und wird daher meist von erfahrenen Tradern angewendet. Neben dieser Hauptanwendung bezeichnet der Begriff auch die Situation, in der ein Market Maker oder Händler eine Preisnotierung nicht einhält, was für den Kunden nachteilig sein kann. Besonders im Forex-Markt wird Fading oft bei der Veröffentlichung wichtiger Wirtschaftsnachrichten genutzt, um von schnellen Preisänderungen zu profitieren.

Fades verstehen

Die Fade-Strategie im Handel bezeichnet das Konträrhandeln gegen den aktuellen Markttrend: Verkauf bei steigenden und Kauf bei fallenden Kursen. Diese Strategie basiert auf der Annahme, dass der Markt alle Informationen bereits berücksichtigt hat und späte Trendbewegungen oft zu einer Korrektur neigen. Sie erfordert keine komplexen Analysen, birgt jedoch das Risiko, dass der Trend sich fortsetzt.

Fade-Strategien können auf Fundamentaldaten eines Unternehmens oder auf Kursbewegungen basieren, wobei die Trader als 'Contrarian-Investoren' gelten.

Beispiel für ein Fade

Die "Dogs of the Dow"-Strategie ist ein klassisches Beispiel für das Fade-Prinzip, bei dem in unterdurchschnittlich performende Blue-Chip-Aktien aus dem Dow Jones Industrial Average investiert wird, basierend auf der Annahme, dass diese sich erholen werden. Diese jährlich wiederholte Strategie konzentriert sich auf Aktien mit hoher Dividendenrendite, um von potenziellen Kurskorrekturen zu profitieren.

Ausblendende Market Maker

Market Maker könnten zögern, Aufträge zu einem veröffentlichten Kurs auszuführen, insbesondere wenn bessere Angebote an anderen Börsen vorliegen. Die "Trade-or-Fade"-Regel verpflichtet Market Maker, entweder das bessere Angebot anzunehmen oder ihren Kurs anzupassen, um suboptimale Geschäftsabschlüsse zu vermeiden. Diese Regel fördert faire Handelsbedingungen durch die Vermeidung von "Trade-Throughs", also Geschäften zu suboptimalen Preisen, wenn bessere Preise verfügbar sind.

Überblendung von Wirtschaftsnachrichten

Das Ausblenden von Wirtschaftsnachrichten ist eine Strategie, bei der Forex-Händler bewusst gegen die unmittelbare Marktbewegung handeln, die durch die Veröffentlichung wichtiger Wirtschaftsdaten ausgelöst wird. Erfahrene Trader bevorzugen oft, kurz nach der Veröffentlichung von Nachrichten mit dem Handel zu warten, was ihnen ermöglicht, die ersten Reaktionen des Marktes und der algorithmischen Handelssysteme zu beobachten. Diese Pause erlaubt eine bessere Einschätzung der Marktlage, nachdem die volatilen Reaktionen abgeklungen sind, und unterstützt eine fundierte Entscheidungsfindung, indem sie die Chance bietet, die Gesamtrichtung des Trends zu erfassen.

10 HANDELSINDIKATOREN, DIE JEDER TRADER KENNEN SOLLTE

Die zehn genannten Handelsindikatoren sind wesentlich für die technische Analyse und helfen Tradern, Markttrends und Signale zu erkennen. Diese Indikatoren, darunter der gleitende Durchschnitt, der exponentielle gleitende Durchschnitt, der stochastische Oszillator, MACD, Bollinger Bänder, RSI, Fibonacci-Retracement, Ichimoku Cloud, Standardabweichung und der durchschnittliche Richtungsindex, bieten unterschiedliche Perspektiven auf Marktbewegungen und können zur Entwicklung einer effektiven Handelsstrategie genutzt werden. Jeder Indikator hat seine Stärken in bestimmten Marktsituationen, weshalb eine Kombination dieser Tools empfehlenswert ist, um ein umfassendes Bild des Marktes zu erhalten.

Gleitender Durchschnitt (MA)

Der gleitende Durchschnitt (MA) ist ein fundamentaler Indikator in der technischen Analyse, der dazu dient, die allgemeine Richtung eines Preistrends zu identifizieren. Er glättet kurzfristige Preisschwankungen, indem er die durchschnittlichen Preise eines Finanzinstruments über einen bestimmten Zeitraum berechnet. Diese Berechnung erfolgt durch Addition der Kurspunkte innerhalb des Zeitraums, geteilt durch die Anzahl der Kurspunkte, was eine Trendlinie ergibt, die den durchschnittlichen Kursverlauf darstellt.

Exponentieller gleitender Durchschnitt (EMA)

Der Exponentielle Gleitende Durchschnitt (EMA) verbessert den einfachen gleitenden Durchschnitt (SMA) durch stärkere Gewichtung der jüngsten Preisdaten. Dadurch reagiert der EMA sensibler auf aktuelle Marktentwicklungen. Er ist besonders nützlich in Kombination mit anderen Indikatoren, um wichtige Marktbewegungen frühzeitig zu erkennen und zu analysieren.

Stochastischer Oszillator

Der stochastische Oszillator misst das Momentum eines Marktes, indem er den aktuellen Schlusskurs in Relation zur Preisspanne über einen festgelegten Zeitraum setzt. Er operiert auf einer Skala von 0 bis 100, wobei Werte unter 20 als überverkauft und Werte über 80 als überkauft gelten. Dieser Indikator ist nützlich, um die Stärke des aktuellen Trends zu bestimmen, obwohl hohe oder niedrige Werte nicht zwangsläufig eine Marktwende bedeuten.

Konvergenzdivergenz des gleitenden Durchschnitts (MACD)

Der MACD (Moving Average Convergence Divergence) ist ein Trendfolge- und Momentum-Indikator, der zwei gleitende Durchschnitte vergleicht, um Veränderungen in der Marktdynamik zu erkennen. Er hilft beim Identifizieren von Kauf- und Verkaufschancen anhand der Konvergenz und Divergenz dieser Durchschnitte, was Aufschluss über die Marktmomentum gibt. Konvergenz signalisiert nachlassende, Divergenz hingegen zunehmende Dynamik.

Bollinger-Bänder

Bollinger-Bänder sind ein technischer Indikator, der entwickelt wurde, um Marktvolatilität und Preisbereiche zu messen. Sie bestehen aus einem mittleren Gleitenden Durchschnitt und zwei äußeren Bändern, die die Preisspanne definieren. Die Bandbreite passt sich der Marktvolatilität an: Enge Bänder deuten auf eine geringe, weite Bänder auf eine hohe Volatilität hin. Diese Bänder sind hilfreich, um überkaufte oder überverkaufte Zustände zu identifizieren, indem die Position des Preises in Bezug auf die Bänder analysiert wird.

Relativer Stärke-Index (RSI)

Der Relative Stärke-Index (RSI) ist ein wertvolles Tool im technischen Trading, das dazu dient, die Geschwindigkeit und Veränderung von Preisbewegungen zu messen.

Werte über 70 zeigen einen überkauften Markt an, was eine bevorstehende Korrektur signalisieren könnte, während Werte unter 30 auf einen überverkauften Markt hinweisen, was eine mögliche Erholung andeutet. Der RSI bietet damit eine hilfreiche Grundlage zur Bewertung der Marktdynamik und zum Erkennen potenzieller Umkehrpunkte im Preisverlauf.

Fibonacci-Retracement

Das Fibonacci-Retracement ist ein Werkzeug der technischen Analyse, das hilft, mögliche Umkehrpunkte in den Kursbewegungen zu identifizieren. Es basiert auf der Annahme, dass Märkte sich oft im Verhältnis zu den Fibonacci-Zahlen retracen, bevor sie ihren ursprünglichen Trend fortsetzen.

Dieser Indikator wird verwendet, um Unterstützungs- und Widerstandsniveaus zu finden, was für das Setzen von Stop-Loss- und Take-Profit-Orders sowie für das Timing von Markt-Eintritten und -Austritten nützlich sein kann.

Ichimoku Cloud

Die Ichimoku Cloud bietet eine umfassende Analyse von Unterstützungs- und Widerstandsniveaus, Preisdynamik und Handelssignalen, alles in einem Blick. Sie wird für ihre Fähigkeit geschätzt, aus einem einzigen Chart eine Vielzahl von Informationen bereitzustellen, was sie zu einem beliebten Tool unter Händlern macht, die effizient Markttrends und -signale erfassen möchten.

Standardabweichung

Die Standardabweichung misst die Volatilität eines Vermögenswerts, indem sie aktuelle Kursbewegungen mit historischen vergleicht. Sie wird verwendet, um mögliche Trendumkehrungen oder -fortsetzungen vorherzusagen, basierend auf der Annahme, dass großen Bewegungen oft kleinere folgen und umgekehrt.

Durchschnittlicher direktionaler Index (ADX)

Der Durchschnittliche Direktionale Index (ADX) misst die Trendstärke eines Marktes, ohne dessen Richtung anzugeben. Werte über 25 signalisieren einen starken Trend, während Werte unter 25 auf schwache oder seitwärts gerichtete Bewegungen hindeuten.

Der ADX basiert auf einem 14-tägigen gleitenden Durchschnitt, kann aber angepasst werden. Ein steigender ADX kann sowohl bei steigenden als auch bei fallenden Kursen auf einen starken Trend hinweisen.

Wichtige Hinweise zur Verwendung von Handelsindikatoren

Beim Einsatz von Handelsindikatoren ist es wichtig, nicht nur auf einen einzigen Indikator zu verlassen oder zu viele gleichzeitig zu nutzen. Konzentrieren Sie sich auf wenige, die Ihre Handelsziele unterstützen, und kombinieren Sie diese mit Ihrer Analyse der Preisaktion. Bestätigen Sie Handelssignale stets durch zusätzliche Indikatoren oder unterschiedliche Zeitrahmen, um konsistente Signale zu erhalten.

Erstellen Sie einen Handelsplan

Ein effektiver Handelsplan definiert Ihre Handelsstrategie, einschließlich dessen, was und wann Sie handeln, Ein- und Ausstiegsstrategien sowie Ihre Vorgehensweise bei der Bestimmung der Positionsgröße. Er ist ein schriftliches Dokument, das nicht nur Ihre Strategie und Ziele festhält, sondern auch, wie Sie mit Gewinnen und Verlusten umgehen werden.

Ein gut durchdachter Plan hilft, emotionale Entscheidungen zu minimieren und bietet einen klaren Rahmen für diszipliniertes Handeln.

Überprüfen Sie Ihre Methoden, bevor Sie mit echtem Geld handeln

Es ist entscheidend, einen Handelsplan vor dem Einsatz von echtem Geld in einem Demokonto zu testen, um dessen Effektivität zu bewerten. Demokonten bieten eine risikofreie Umgebung, um Strategien zu verfeinern und konstante Gewinne zu erzielen, bevor man in den realen Handel einsteigt. Eine feste Daytrading-Routine hilft, Fehler zu vermeiden und stellt sicher, dass jeder Trade dem Plan entspricht.

Die Überarbeitung und Optimierung des Handelsplans basierend auf Demokonto-Ergebnissen ist ein wichtiger Schritt zur Entwicklung einer erfolgreichen Handelsstrategie.

Vermeiden Sie das Halten von Positionen während wichtiger Nachrichtenankündigungen

Ereignisse wie Unternehmensgewinnbekanntgaben oder die Veröffentlichung von Wirtschaftsdaten können erhebliche Auswirkungen auf die Märkte haben. Es wird empfohlen, während solcher Zeiten keine Daytrading-Positionen zu halten und stattdessen die Volatilität nach der Veröffentlichung der Nachrichten für Handelsstrategien zu nutzen.

Erstellen Sie eine mentale Checkliste für jedem Handel

Eine mentale Checkliste vor jedem Handel hilft dabei, konsequent zu bleiben und sicherzustellen, dass jeder Trade den Kriterien Ihres Handelsplans entspricht. Diese Vorgehensweise minimiert das Risiko unüberlegter Entscheidungen und trägt dazu bei, die Disziplin im Handel zu wahren.

Entwickeln Sie einen Plan für den Umgang mit Ihren Schwächen

Entwickeln Sie einen Plan, um mit Ihren Handelsschwächen umzugehen, indem Sie Strategien festlegen, die verhindern, dass diese Schwächen Ihre Handelsergebnisse negativ beeinflussen. Dies könnte beinhalten, strenge Stop-Loss-Orders zu setzen, um Verluste zu begrenzen, oder sich streng an Ihren Handelsplan zu halten, um impulsives Handeln zu vermeiden. Indem Sie proaktiv Maßnahmen ergreifen, um Ihre Schwächen zu adressieren, können Sie die Wahrscheinlichkeit signifikanter Verluste reduzieren und Ihre Handelseffizienz verbessern.

WIE WERDEN AKTIENGEWINNE BESTEUERT?

Um Aktiengewinne richtig zu besteuern, ist es wesentlich, die spezifischen Steuergesetze Ihres Landes zu kennen, da die Steuerpflicht von der persönlichen Steuerklasse und lokalen Steuervorschriften abhängt. Es empfiehlt sich, sich eingehend mit diesen Regelungen vertraut zu machen, um die steuerlichen Folgen Ihrer Aktieninvestitionen adäquat zu berücksichtigen und in Ihrer Finanzplanung zu integrieren.

Steuerliche Behandlung von Aktienverkäufen

Beim Verkauf von Aktien müssen Gewinne, die über den Anschaffungskosten liegen, versteuert werden.

Langfristige Kapitalgewinne (für Aktien, die länger als ein Jahr gehalten wurden) unterliegen einem niedrigeren Steuersatz, während kurzfristige Gewinne zum regulären Einkommensteuersatz besteuert werden. Verluste können zur Kompensation von Gewinnen oder als Abzug von anderen Einkünften verwendet werden, mit einer jährlichen Obergrenze für solche Verrechnungen.

Verständnis der Kapitalertragssteuern

Das Verständnis der Kapitalertragssteuer ist entscheidend für die effektive Verwaltung der Steuerlast bei Aktienverkäufen. Kapitalgewinne unterliegen je nach Haltedauer unterschiedlichen Steuersätzen.

Gewinne aus dem Verkauf von Aktien, die weniger als ein Jahr gehalten werden, werden zum normalen Einkommensteuersatz besteuert, während langfristige Gewinne von Aktien, die länger als ein Jahr gehalten wurden, einen reduzierten Steuersatz genießen. Dividenden unterliegen der Besteuerung, fallen jedoch nicht unter die Kapitalertragssteuer.

Die steuerliche Meldepflicht bei Aktien

Es ist notwendig, Kapitalgewinne und Dividenden aus Aktienbesitz in der Steuererklärung zu melden. Finanzinstitute und Unternehmen melden solche Einkünfte direkt an die Steuerbehörden. Nicht gemeldete Einkünfte können zu strafrechtlichen Konsequenzen führen, da das Finanzamt über diese Transaktionen informiert ist und Diskrepanzen in der Steuererklärung untersucht werden können.

STRATEGIEN ZUR MINIMIERUNG ODER VERMEIDUNG VON KAPITALERTRAGSSTEUERN AUF AKTIEN

Um Kapitalertragsteuern auf Aktiengewinne zu minimieren, können Anleger langfristige Investitionsstrategien verfolgen, Verluste gegen Gewinne aufrechnen und in steuereffiziente Konten wie Roth IRAs investieren. Zudem ist die Konsultation eines Finanzberaters für individuelle Strategien empfehlenswert

1. Berechnen Sie Ihre Steuerklasse

Um eine höhere Besteuerung Ihrer Kapitalgewinne zu vermeiden, sollten Sie Ihre Steuerklasse berücksichtigen.

Langfristige Kapitalgewinne erhöhen Ihr zu versteuerndes Einkommen und könnten Sie in eine höhere Steuerklasse bringen. Strategien wie das Verschieben des Verkaufs oder das Bündeln von Abzügen können helfen, in einer niedrigeren Steuerklasse zu bleiben und so die Steuerlast zu minimieren.

2. Nutzen Sie das Tax-Loss-Harvesting

Tax-Loss Harvesting ist eine Strategie, bei der Anleger Verluste aus dem Verkauf von Wertpapieren steuerlich geltend machen, um Kapitalgewinne zu kompensieren. Die Beachtung der Wash-Sale-Regel, die den Kauf ähnlicher Wertpapiere innerhalb eines 61-Tage-Fensters um den Verkaufszeitpunkt verbietet, ist essenziell, um den steuerlichen Vorteil zu erhalten.

Moderne Robo-Advisor können diesen Vorgang automatisieren, was Tax-Loss Harvesting auch für Anfänger zugänglich macht.

3. Aktien für wohltätige Zwecke spenden

Das Spenden von Aktien an gemeinnützige Organisationen bietet steuerliche Anreize, da keine Kapitalertragssteuer auf den Gewinn entfällt und der Marktwert der Aktien am Tag der Spende steuerlich absetzbar ist, sofern die Summe der Einzelpostenabzüge den Standardabzug übersteigt.

4. Kaufen und halten Sie qualifizierte Aktien von Kleinunternehmen

Das Investieren in qualifizierte Aktien von Kleinunternehmen gemäß Abschnitt 1202 des IRS bietet erhebliche steuerliche Vorteile, einschließlich der potenziellen Möglichkeit, bis zu 10 Millionen Euro an Kapitalgewinnen steuerlich auszuschließen, abhängig vom Kaufdatum der Aktien. Es wird empfohlen, sich mit einem auf Steuerfragen spezialisierten Berater zu konsultieren, um diese Vorteile vollständig ausschöpfen zu können.

5. Reinvestieren Sie in einen Opportunity-Fonds

Die Investition in Opportunity-Fonds bietet steuerliche Anreize für Investitionen in wirtschaftlich benachteiligte Gebiete, wie im Steuersenkungs- und Arbeitsgesetz von 2017 festgelegt. Diese Investitionen ermöglichen die Stundung oder Reduzierung der Kapitalertragssteuer bis zum 31. Dezember 2026, es sei denn, die Investition wird vorher verkauft.

6. Steuerbegünstigte Altersvorsorgekonten nutzen

Um Kapitalertragssteuern zu minimieren, ist die Nutzung steuerbegünstigter Altersvorsorgekonten wie IRAs eine effektive

Strategie. In diesen Konten können Kapitalgewinne steuerfrei realisiert werden. Gewinne aus dem Verkauf von Aktien, die weniger als ein Jahr gehalten werden, gelten als kurzfristige Kapitalgewinne und werden zum normalen Einkommenssteuersatz besteuert. Langfristige Kapitalgewinne, also Gewinne aus Aktien, die mindestens ein Jahr gehalten wurden, genießen niedrigere Steuersätze.

10 GOLDENE REGELN FÜR DEN HANDEL AM AKTIENMARKT

1. Handeln Sie niemals mit nicht registrierten Brokern/Vermittlern

Es ist entscheidend, ausschließlich mit registrierten Brokern zu handeln, um Sicherheit und Seriosität im Aktienhandel zu gewährleisten. Eine gründliche Überprüfung des Hintergrunds und des Rufs des Brokers vor der Kontoeröffnung ist unerlässlich.

2. Treffen Sie keine Entscheidungen basierend auf Gerüchten

Ihre Handelsentscheidungen sollten stets auf fundierter Recherche und nicht auf Gerüchten basieren. Es ist wichtig, kontinuierlich das Marktgeschehen und die Entwicklung des Unternehmens, dessen Aktien Sie handeln, zu beobachten. Verlassen Sie sich auf solide Fakten und Informationen aus zuverlässigen und seriösen Quellen, um informierte Entscheidungen zu treffen.

3. Wählen Sie die richtigen Aktien

Es ist entscheidend, sich auf hochliquide Aktien zu konzentrieren, um das Risiko zu vermeiden, in Positionen festzustecken. Weniger liquide Aktien können zu Verlusten führen, da sie möglicherweise nicht schnell genug verkauft werden können.

4. Gehen Sie kalkulierte Risiken ein

Unternehmen Sie kalkulierte Risiken, die zu Ihrem persönlichen Risikoprofil passen. Berücksichtigen Sie Ihre finanziellen Verpflichtungen und gehen Sie nur solche Risiken ein, die Sie finanziell tragen können. Investieren Sie nur Geldbeträge, deren Verlust Sie im schlimmsten Fall verkraften könnten.

5. Seien Sie nicht gierig

Vermeiden Sie Gier im Handel, indem Sie den Markt sorgfältig beobachten und fundierte Entscheidungen treffen.

Berücksichtigen Sie Expertenmeinungen, um eine ausgeglichene Perspektive zu erhalten, und investieren Sie geduldig, anstatt nach schnellen Gewinnen zu streben.

6. Lassen Sie sich nicht von Emotionen leiten

Entscheidungen im Aktienhandel sollten niemals auf Emotionen basieren. Eine sachliche, objektive Herangehensweise, gepaart mit realistischen Erwartungen, ist entscheidend für den langfristigen Erfolg.

7. Führen Sie gründliche Recherchen durch

Gründliche Recherche über die Unternehmen, in die Sie investieren möchten, ist unabdingbar. Analysieren Sie nicht nur die Bilanzen, sondern auch das zukünftige Geschäftspotenzial sowie globale und nationale Faktoren, die die Einnahmen oder das Image des Unternehmens beeinflussen könnten.

8. Nutzen Sie Stop-Loss Orders

Stop-Loss-Orders sind eine effektive Strategie, um Verluste zu begrenzen. Indem Sie ein Stop-Loss-Niveau festlegen, bei dem Ihre Aktien automatisch verkauft werden, sobald der Kurs dieses Niveau erreicht, können Sie potenzielle Verluste minimieren und Ihre Gewinne schützen. Es ist ratsam, Stop-Loss-Orders strategisch bei Ihren Trades einzusetzen.

9. Sichern Sie Ihre Positionen ab

Angesichts möglicher Marktvolatilität durch wirtschaftliche oder politische Ereignisse ist es wesentlich, Ihre Investitionen durch geeignete Absicherungsstrategien zu schützen.

10. Ergreifen Sie Maßnahmen bei Unregelmäßigkeiten

Bei Problemen oder Unregelmäßigkeiten zögern Sie nicht, die zuständigen Behörden zu kontaktieren. Vor dem Einstieg in den Aktienmarkt ist eine gründliche Vorbereitung essenziell. Informieren Sie sich durch Fachliteratur, detaillierte Unternehmens- und Branchenrecherchen und suchen Sie Rat bei Finanzexperten sowie erfahrenen Anlegern, um fundierte Entscheidungen treffen zu können.

PSYCHOLOGIE DES DAYTRADINGS

Daytrading, die Kunst des Kaufs und Verkaufs von Finanzinstrumenten innerhalb eines einzigen Handelstages, ist nicht nur eine Frage der Analyse und Strategie, sondern auch eine tiefgreifende psychologische Herausforderung. Die Volatilität des Marktes testet kontinuierlich die Emotionen, die Geduld und die Disziplin des Traders. In diesem Kapitel erkunden wir die Schlüsselaspekte der Psychologie des Daytradings und bieten Einblicke und Strategien, um die mentalen Herausforderungen zu meistern, die auf diesem anspruchsvollen Terrain lauern.

Emotionale Achterbahn

Daytrading kann eine emotionale Achterbahn sein. Die Freude über einen Gewinn kann schnell in die Enttäuschung über einen Verlust umschlagen. Diese schnellen emotionalen Wechsel können zu impulsiven Entscheidungen führen, die nicht immer im besten Interesse des Traders sind. Die Fähigkeit, Emotionen zu kontrollieren und eine rationale Entscheidungsfindung aufrechtzuerhalten, ist entscheidend. Ein erfolgreicher Daytrader zu sein, bedeutet nicht, frei von Emotionen zu sein, sondern zu lernen, wie man sie effektiv managt.

Angst und Gier

Zwei der stärksten Emotionen, die Trader erleben, sind Angst und Gier. Angst kann dazu führen, dass Trader zu früh aussteigen und nicht das volle Potenzial eines Trades ausschöpfen.

Auf der anderen Seite kann Gier dazu verleiten, zu lange in einem Trade zu bleiben oder zu viel Risiko einzugehen. Ein Gleichgewicht zu finden, bei dem Risiken sorgfältig abgewogen und Gewinne mit Bedacht realisiert werden, ist der Schlüssel zum Erfolg.

Disziplin und Geduld

Disziplin und Geduld sind unerlässlich im Daytrading.

Disziplin bedeutet, an einem vorher festgelegten Plan festzuhalten und nicht von momentanen Marktbewegungen abgelenkt zu werden. Geduld ist erforderlich, um auf die richtigen Handelsmöglichkeiten zu warten, statt aus Angst, etwas zu verpassen, übereilte Entscheidungen zu treffen. Diese Eigenschaften zu kultivieren, kann den Unterschied zwischen Erfolg und Misserfolg ausmachen.

Selbstbewusstsein

Ein weiterer wichtiger Aspekt der Psychologie des Daytradings ist das Selbstbewusstsein. Trader müssen ihre eigenen Stärken und Schwächen kennen. Ein tiefes Verständnis der eigenen emotionalen Reaktionen und Verhaltensmuster kann dabei helfen, bessere Handelsentscheidungen zu treffen.

Das Führen eines Handelstagebuchs, in dem Trades und emotionale Zustände festgehalten werden, kann ein nützliches Werkzeug sein, um Selbstbewusstsein zu entwickeln.

Stressbewältigung

Daytrading kann stressig sein. Die Bewältigung dieses Stresses ist entscheidend, um langfristig erfolgreich zu sein.

Techniken zur Stressbewältigung wie Meditation, regelmäßige körperliche Bewegung oder Hobbys können dabei helfen, einen klaren Kopf zu bewahren und die Entscheidungsfindung zu verbessern.

Die Psychologie des Daytradings ist ein komplexes Feld, das ebenso wichtig ist wie die technische Analyse und die Marktstrategie. Emotionale Intelligenz, Disziplin, Geduld und Selbstbewusstsein sind Schlüsselelemente für den Erfolg.

Durch die Entwicklung dieser Fähigkeiten können Trader die mentalen Herausforderungen meistern, die der Markt stellt, und ihre Leistung verbessern. Letztendlich ist es die Fähigkeit, sowohl den Markt als auch sich selbst zu verstehen, die einen erfolgreichen Daytrader ausmacht.

DAYTRADING-STRATEGIEN FÜR ANFÄNGER

Daytrading kann für Anfänger eine entmutigende Aussicht sein, aber mit den richtigen Strategien und einem soliden Verständnis der Märkte kann es eine lohnende Möglichkeit sein, am Finanzmarkt teilzunehmen.

Im Folgenden werden einige bewährte Daytrading-Strategien vorgestellt, die speziell für Einsteiger konzipiert sind, komplett mit realen Beispielen.

Scalping

Scalping ist eine Daytrading-Strategie, die darauf abzielt, kleine Gewinne durch den Kauf und Verkauf von Wertpapieren innerhalb sehr kurzer Zeiträume – oft innerhalb von Minuten oder sogar Sekunden – zu erzielen. Scalper nutzen kleine Preisbewegungen aus und führen häufig viele Trades am Tag durch. Diese Strategie erfordert eine schnelle Entscheidungsfindung, Präzision und effektives Risikomanagement.

Scalper führen in der Regel Dutzende bis Hunderte von Trades pro Tag durch. Der Schlüssel zum Erfolg liegt in der hohen Frequenz und der Fähigkeit, schnell auf Marktbewegungen zu reagieren. Die Gewinnmargen pro Trade sind oft sehr klein. Scalper zielen darauf ab, von diesen kleinen Bewegungen profitieren zu können, die im Laufe des Tages häufig auftreten.

Um das Gesamtrisiko zu minimieren, setzen Scalper in der Regel nur einen kleinen Prozentsatz ihres Kapitals bei jedem Trade ein. Trotz des geringen Risikos pro Trade kann die hohe Anzahl der Transaktionen zu einem signifikanten Gewinn über den Tag führen.

<u>**Wichtige Aspekte des Scalpings**</u>

Marktvolatilität:

Scalping funktioniert am besten in volatilen Märkten, wo kleine Preisbewegungen häufig sind. Märkte mit geringer Volatilität bieten möglicherweise nicht genügend Gelegenheiten für erfolgreiche Scalping-Strategien.

Liquidität:

Eine hohe Liquidität ist für Scalper wichtig, da sie es ermöglicht, große Positionen schnell zu öffnen und zu schließen, ohne den Marktpreis wesentlich zu beeinflussen.

Technische Analyse:

Scalper verlassen sich stark auf technische Analyse und Echtzeit-Handelssignale, um Kauf- und Verkaufspunkte zu identifizieren. Tools wie Preisaktionscharts, Unterstützungs- und Widerstandslinien und verschiedene technische Indikatoren sind unerlässlich.

Handelsplattform und -tools:

Eine schnelle, zuverlässige Handelsplattform und fortschrittliche Handelstools sind für Scalper von entscheidender Bedeutung. Die Fähigkeit, Aufträge blitzschnell zu platzieren und zu schließen, kann den Unterschied zwischen Gewinn und Verlust ausmachen.

Risikomanagement

Obwohl Scalping auf kleine Gewinne abzielt, ist das Risikomanagement von entscheidender Bedeutung. Scalper müssen ihre Verluste strikt begrenzen, um zu verhindern, dass ein oder zwei schlechte Trades ihre Gewinne des Tages zunichtemachen. Dies erfordert disziplinierte Stop-Loss-Orders und ein klares Verständnis der eigenen Risikotoleranz.

Scalping ist eine anspruchsvolle Daytrading-Strategie, die nicht für jeden Trader geeignet ist. Sie erfordert Geduld, Disziplin und die Fähigkeit, schnell zu handeln.

Für Trader, die die notwendigen Fähigkeiten entwickeln und ein effektives Risikomanagement praktizieren, kann Scalping jedoch eine profitable Tradingstrategie sein. Wichtig ist, dass man sich der Herausforderungen bewusst ist und stets bestrebt ist, seine Fähigkeiten und Techniken zu verfeinern.

Range Trading ist eine Daytrading-Strategie, die sich auf die Identifizierung und den Handel innerhalb der festgelegten Hoch- und Tiefpunkte (der "Range") eines bestimmten Wertpapiers konzentriert. Diese Strategie geht davon aus, dass der Preis eines Wertpapiers zwischen vorhersehbaren Ober- und Untergrenzen schwankt und bietet Tradern die Möglichkeit, bei Erreichen dieser Grenzen zu kaufen oder zu verkaufen.

Range Trading eignet sich besonders für Märkte mit geringer Volatilität, in denen der Preis innerhalb einer stabilen Spanne bleibt.

Range Tradings

Die erste Aufgabe eines Range Traders besteht darin, die Handelsspanne zu identifizieren. Dies geschieht in der Regel durch die Analyse von Preisdiagrammen, um die wiederkehrenden Hoch- und Tiefpunkte zu ermitteln.

Die oberste Grenze der Range gilt als Widerstandsniveau, während die untere Grenze als Unterstützungsniveau betrachtet wird.

Range Trader beabsichtigen, am unteren Ende der Range zu kaufen, nahe am Unterstützungsniveau, in der Erwartung, dass der Preis wieder nach oben tendiert. Das Unterstützungsniveau ist der Punkt, an dem die Kaufbereitschaft in der Regel stark genug ist, um den Preisverfall zu stoppen.

Analog dazu planen Trader, am oberen Ende der Range zu verkaufen, nahe am Widerstandsniveau, wo der Verkaufsdruck in der Regel ausreicht, um einen weiteren Preisanstieg zu verhindern. Range Trader nutzen verschiedene technische Analyseinstrumente, um Kauf- und Verkaufspunkte zu identifizieren:

- **Unterstützungs- und Widerstandslinien**: Diese Linien werden auf dem Chart gezeichnet, um die Range visuell darzustellen.

- **Oszillatoren und Indikatoren**: Tools wie der Relative Strength Index (RSI) oder der Stochastic Oscillator helfen dabei, überkaufte oder überverkaufte Bedingungen innerhalb der Range zu identifizieren.

Risikomanagement

Das Risikomanagement ist beim Range Trading von entscheidender Bedeutung, da der Preis aus der Range ausbrechen und zu Verlusten führen kann. Trader sollten stets Stop-Loss-Orders verwenden, um ihre Verluste zu begrenzen. Außerdem ist es wichtig, die Größe der Positionen anzupassen, um das Gesamtrisiko zu steuern.

Realwelt-Beispiel

Nehmen wir an, ein Trader beobachtet eine Aktie, die über mehrere Wochen zwischen 100 € und 105 € gehandelt wurde. Der Trader entscheidet, beim nächsten Rückgang zum Unterstützungsniveau von 100 € zu kaufen und setzt einen Stop-Loss bei 99 €, um das Risiko zu begrenzen. Der Plan ist, die Position zu verkaufen, wenn der Preis sich dem Widerstandsniveau von 105 € nähert, um von der Preisspanne zu profitieren.

Double Top (Doppelt oben) und Double Bottom (Doppelt unten)

Die Double Top (Doppelt oben) und Double Bottom (Doppelt unten) sind bekannte Chartmuster, die häufig in der technischen Analyse verwendet werden, um potenzielle Trendumkehrungen zu identifizieren.

Diese Muster können besonders nützlich für Daytrader sein, um Einstiegs- und Ausstiegspunkte zu bestimmen, da sie Hinweise auf die Erschöpfung eines aktuellen Trends und den Beginn einer gegenläufigen Bewegung geben.

Double Top (Doppelt oben)

Das Double Top ist ein Umkehrmuster, das am Ende eines Aufwärtstrends auftritt und signalisiert, dass der Trend möglicherweise an Kraft verliert und bald in einen Abwärtstrend umschlagen könnte.

Das Muster wird durch zwei aufeinanderfolgende Spitzen gekennzeichnet, die ungefähr auf dem gleichen Niveau liegen, getrennt durch ein Tal. Das entscheidende Merkmal, das ein Double Top bestätigt, ist, wenn der Preis unter die Unterstützungslinie fällt, die das Tal zwischen den beiden Spitzen verbindet.

Handelsstrategie beim Double Top:

1. **Identifikation des Musters**: Zuerst wird das Muster durch das Erreichen zweier Spitzen erkannt, die durch ein markantes Tal getrennt sind.

2. **Warten auf Bestätigung**: Eine Bestätigung erfolgt, wenn der Preis unter die Unterstützungslinie (das Tal) fällt.

3. **Einstiegspunkt**: Der ideale Einstiegspunkt für eine Short-Position liegt direkt nach der Bestätigung des Musters.

4. **Stop-Loss und Ziel**: Ein Stop-Loss wird knapp oberhalb des zweiten Peaks gesetzt. Das Ziel könnte durch die Höhe des Musters von der Unterstützungslinie bis zur Spitze des ersten Peaks bestimmt und von der Unterstützungslinie nach unten projiziert werden.

Double Bottom (Doppelt unten)

Das Double Bottom ist das Gegenstück zum Double Top und erscheint am Ende eines Abwärtstrends, was darauf hindeutet, dass der Abwärtstrend nachlassen könnte und eine Umkehr nach oben bevorsteht. Dieses Muster besteht aus zwei Tiefpunkten, die nahezu auf dem gleichen Niveau liegen, getrennt durch einen Gipfel. Die Bestätigung des Double Bottom erfolgt, wenn der Preis über die Widerstandslinie steigt, die den Gipfel zwischen den beiden Tiefs verbindet.

Handelsstrategie beim Double Bottom:

1. **Identifikation des Musters**: Suche nach zwei Tiefpunkten, die durch einen Gipfel getrennt sind.

2. **Warten auf Bestätigung**: Eine Bestätigung tritt ein, wenn der Preis über die Widerstandslinie (den Gipfel) steigt.

3. **Einstiegspunkt**: Der ideale Einstiegspunkt für eine Long-Position liegt direkt nach der Bestätigung des Musters.

4. **Stop-Loss und Ziel**: Ein Stop-Loss wird knapp unterhalb des zweiten Tiefs gesetzt. Das Ziel kann ähnlich wie beim Double Top durch Messung der Höhe des Musters und dessen Projektion über die Widerstandslinie hinaus bestimmt werden.

Anwendung in der Praxis

Bei der Anwendung dieser Muster im realen Handel ist es wichtig, zusätzliche Indikatoren und eine gründliche Marktanalyse zur Bestätigung heranzuziehen.

Double Top und Double Bottom Muster sind besonders effektiv in Märkten mit hoher Liquidität, wie Forex, Aktien und Indizes, da sie klare Hinweise auf Trendumkehrungen geben können. Allerdings sollten Trader immer Risikomanagementtechniken anwenden, um potenzielle Verluste zu minimieren, da keine Strategie eine hundertprozentige Erfolgsquote garantiert.

Trendfolge

Trendfolge, auch bekannt als Trend Trading, ist eine der populärsten und zeitgetesteten Handelsstrategien in der Welt des Daytradings und darüber hinaus. Das Grundprinzip der Trendfolge besteht darin, die Richtung des vorherrschenden Markttrends zu identifizieren und Handelspositionen einzugehen, die diesem Trend folgen, mit dem Ziel, von der Fortsetzung dieses Trends zu profitieren.

Grundprinzipien der Trendfolge

Trendidentifikation:

Der erste und wichtigste Schritt in der Trendfolgestrategie ist die Identifikation des aktuellen Markttrends. Dies kann durch die Analyse von Preisdiagrammen und die Verwendung verschiedener technischer Indikatoren wie gleitende Durchschnitte, MACD (Moving Average Convergence Divergence) oder ADX (Average Directional Index) erfolgen.

Long-Positionen bei Aufwärtstrends:

Wenn der Markt einen klaren Aufwärtstrend zeigt, d.h., die Preise steigen kontinuierlich, eröffnen Trendfolger Long-Positionen. Die Logik dahinter ist einfach: "Der Trend ist dein Freund". Solange der Trend anhält, besteht die Möglichkeit, von steigenden Preisen zu profitieren.

Short-Positionen bei Abwärtstrends:

Umgekehrt, wenn der Markt einen Abwärtstrend zeigt, also die Preise kontinuierlich fallen, neigen Trendfolger dazu, Short-Positionen einzugehen. Die Idee ist, von der Fortsetzung des fallenden Trends zu profitieren.

Trendbestätigung:

Bevor eine Handelsposition eingenommen wird, suchen Trendfolger nach Bestätigungen, dass der Trend wahrscheinlich anhalten wird. Dies kann durch die Beobachtung von Preisaktionen, die Verwendung zusätzlicher technischer Indikatoren oder das Erkennen von Unterstützungs- und Widerstandsniveaus geschehen.

Vorteile der Trendfolge

- **Simpelheit**: Eine der größten Stärken der Trendfolgestrategie ist ihre Einfachheit. Indem man einfach dem Trend folgt, kann man viele der komplexen Entscheidungsprozesse vermeiden, die in anderen Handelsstrategien erforderlich sind.

- **Potenzial für große Gewinne**: Trendfolge ermöglicht es Tradern, große Gewinne zu erzielen, besonders wenn sie früh in einen starken Trend einsteigen und diesen bis zum Ende halten.

- **Flexibilität**: Trendfolge kann in fast jedem Markt angewendet werden – Aktien, Forex, Rohstoffe und mehr – und in verschiedenen Zeiträumen, von kurzfristigen bis zu langfristigen Trends.

Herausforderungen der Trendfolge

- **Falsche Signale**: Manchmal können Marktbedingungen falsche Trendsignale erzeugen, die zu vorzeitigen oder unprofitablen Trades führen.

- **Trendumkehrungen**: Trendfolger können von plötzlichen und unerwarteten Trendumkehrungen getroffen werden, was zu Verlusten führen kann, besonders wenn keine angemessenen Stop-Loss-Orders platziert wurden.

- **Geduld und Disziplin**: Erfolgreiche Trendfolge erfordert Geduld, um auf klare Trendsignale zu warten, und die Disziplin, um an einer Strategie festzuhalten, auch wenn der Markt gegen einen läuft.

Trendfolge ist eine leistungsstarke Strategie für Daytrader und langfristige Investoren gleichermaßen, vorausgesetzt, sie wird mit Geduld, Disziplin und solidem Risikomanagement angewendet.

Indem man lernt, Trends effektiv zu identifizieren und ihnen zu folgen, können Trader die Wahrscheinlichkeit erhöhen, in der Welt des Tradings erfolgreich zu sein.

Wie bei jeder Handelsstrategie ist es jedoch wichtig, sich kontinuierlich weiterzubilden und flexibel zu bleiben, um sich an wechselnde Marktbedingungen anzupassen.

Die Umkehrstrategie

Die Umkehrstrategie, auch bekannt als Reversal-Strategie, ist eine Handelsmethode, die darauf abzielt, von Trendumkehrungen im Markt zu profitieren.

Diese Strategie basiert auf der Annahme, dass, sobald ein bestehender Trend Anzeichen von Schwäche zeigt, eine signifikante Chance besteht, dass sich die Marktrichtung umkehren wird. Trader, die die Umkehrstrategie anwenden, suchen nach Signalen, die auf eine bevorstehende Trendwende hinweisen, und positionieren sich entsprechend, um von der neuen Marktbewegung zu profitieren.

Identifikation von Umkehrpunkten

Die Herausforderung und gleichzeitig der Schlüssel zum Erfolg bei der Umkehrstrategie liegt in der korrekten Identifikation potenzieller Umkehrpunkte. Dafür nutzen Trader verschiedene technische Indikatoren und Chartmuster:

- **Umkehrmuster im Chart**: Klassische Chartmuster wie Kopf-Schultern (Head and Shoulders), Doppeltops und Doppelböden sind beliebte Werkzeuge, um potenzielle Trendumkehrungen zu identifizieren.

- **Candlestick-Muster**: Bestimmte Candlestick-Formationen, wie Hammer, Shooting Star, Engulfing Patterns und Doji, können ebenfalls Hinweise auf eine bevorstehende Trendumkehr geben.

- **Technische Indikatoren**: Indikatoren wie der Relative Strength Index (RSI), der Stochastic Oscillator oder der Moving Average Convergence Divergence (MACD) können anzeigen, wann ein Markt überkauft oder überverkauft ist, was oft ein Vorläufer für eine Trendumkehr ist.

Handelsstrategie und Risikomanagement

Einstiegspunkte:

Der Einstieg erfolgt, sobald ausreichende Bestätigungssignale für eine Trendumkehr vorliegen. Es ist ratsam, auf eine Bestätigung durch mehrere unabhängige Signale zu warten, um die Genauigkeit der Vorhersage zu erhöhen.

Ausstiegspunkte und Gewinnmitnahmen:

Ausstiegspunkte und Ziele für die Gewinnmitnahme sollten im Voraus festgelegt werden, basierend auf Schlüsselniveaus von Unterstützung und Widerstand oder durch die Verwendung von Profit-Targets, die auf der Größe des Umkehrmusters basieren.

Stop-Loss-Orders:

Die Platzierung effektiver Stop-Loss-Orders ist essentiell, um potenzielle Verluste zu begrenzen, falls sich der Markt entgegen der erwarteten Richtung bewegt. Eine gängige Praxis ist es, Stop-Loss-Orders knapp außerhalb des Umkehrmusters zu platzieren.

Herausforderungen der Umkehrstrategie

- **Falsche Signale**: Eine der größten Herausforderungen bei der Anwendung der Umkehrstrategie ist das Risiko falscher Signale, die zu vorzeitigen oder fehlerhaften Trades führen können.

- **Marktvolatilität**: Starke Marktvolatilität kann zu abrupten Preisbewegungen führen, die geplante Umkehrsignale invalidieren und Stop-Loss-Orders auslösen.

- **Psychologische Aspekte**: Die Umkehrstrategie erfordert von Tradern oft, gegen den vorherrschenden Trend zu handeln, was psychologisch herausfordernd sein kann. Eine disziplinierte Haltung und das Festhalten an der eigenen Analyse und Strategie sind daher unerlässlich.

Die Umkehrstrategie bietet Tradern die Möglichkeit, von signifikanten Marktbewegungen zu profitieren, indem sie Trendumkehrungen ausnutzen. Erfolgreiches Trading mit dieser Strategie erfordert jedoch eine gründliche Marktanalyse, diszipliniertes Risikomanagement und die Fähigkeit, psychologische Herausforderungen zu meistern. Wie bei allen Handelsstrategien ist es wichtig, ständig zu lernen und sich anzupassen, um langfristig erfolgreich zu sein.

HÄUFIGE FEHLER VERMEIDEN

Im Daytrading, einem Feld, das sowohl hohe Gewinne als auch bedeutende Risiken birgt, können Fehler teuer sein. Ein tiefes Verständnis der häufigsten Fallstricke und die Implementierung von Strategien zu deren Vermeidung kann die Wahrscheinlichkeit für Erfolg erhöhen. Hier sind einige der häufigsten Fehler, die Daytrader machen, und wie man sie vermeidet:

1. Unzureichende Vorbereitung und Bildung

Viele Anfänger stürzen sich ins Daytrading mit der Hoffnung auf schnelle Gewinne, ohne die notwendige Zeit für Bildung und Marktforschung zu investieren.

Vermeidungsstrategie: Widmen Sie sich dem Lernen über die Märkte, Handelsstrategien, technische Analyse und Risikomanagement, bevor Sie mit dem Handel beginnen.

2. Fehlendes Risikomanagement

Ohne effektives Risikomanagement können selbst erfolgreiche Trader schnell große Verluste erleiden.

Vermeidungsstrategie: Legen Sie immer Stop-Loss-Orders fest, um potenzielle Verluste zu begrenzen. Risikieren Sie niemals mehr, als Sie sich leisten können zu verlieren, und verwenden Sie niemals Geld, das für wichtige finanzielle Ziele bestimmt ist.

3. Übermäßiges Trading

Übermäßiges Trading, getrieben durch Gier oder den Versuch, Verluste zurückzugewinnen, kann zu hohen Gebühren und Verlusten führen.

Vermeidungsstrategie: Setzen Sie sich tägliche Limits für Gewinne und Verluste und halten Sie sich an diese. Lernen Sie, Geduld zu haben und nur zu handeln, wenn die Marktbedingungen Ihren Strategien entsprechen.

4. Emotionales Trading

Emotionen wie Gier, Angst und Hoffnung können zu impulsiven Entscheidungen führen, die nicht auf soliden Strategien oder Analysen basieren.

Vermeidungsstrategie: Entwickeln Sie einen Handelsplan und halten Sie sich strikt daran. Üben Sie emotionale Disziplin und lernen Sie, Ihre Emotionen beim Trading zu kontrollieren.

5. Ignorieren von Nachrichten und Ereignissen

Marktnachrichten und -ereignisse können erhebliche Auswirkungen auf die Preisbewegungen haben. Das Ignorieren dieser Informationen kann zu unerwarteten Verlusten führen.

Vermeidungsstrategie: Bleiben Sie informiert über aktuelle Nachrichten und Ereignisse, die die Märkte beeinflussen können. Verwenden Sie Wirtschaftskalender und Nachrichtenquellen, um auf dem Laufenden zu bleiben.

6. Fehlende Diversifikation

Das Konzentrieren aller Mittel auf eine einzige Anlage oder einen Markt erhöht das Risiko erheblich.

Vermeidungsstrategie: Diversifizieren Sie Ihre Handelspositionen über verschiedene Märkte und Instrumente, um das Risiko zu verteilen.

7. Verwendung zu hoher Hebelwirkung

Während Hebelwirkung die potenziellen Gewinne erhöhen kann, erhöht sie auch das Risiko großer Verluste.

Vermeidungsstrategie: Seien Sie vorsichtig beim Einsatz von Hebelwirkung und verstehen Sie die Risiken vollständig, bevor Sie sie nutzen.

8. Nicht aus Fehlern lernen

Wiederholte Fehler können das Kapital eines Traders schnell aufzehren.

Vermeidungsstrategie: Führen Sie ein Handelstagebuch, um Ihre Trades und die damit verbundenen Entscheidungen zu dokumentieren. Analysieren Sie Ihre Verluste, um daraus zu lernen und zukünftige Fehler zu vermeiden.

Indem Sie diese häufigen Fehler erkennen und aktive Schritte unternehmen, um sie zu vermeiden, können Sie Ihre Chancen auf Erfolg im Daytrading verbessern und eine solidere Handelsgrundlage schaffen.

SCHLUSSFOLGERUNG

Für den Erfolg im Handel ist die Wahl einer passenden Methode entscheidend, die mit individuellem Risikomanagement und emotionaler Disziplin kombiniert wird.

Das Erlernen und Anpassen verschiedener Handelsstile, die Einhaltung von Geldmanagementprinzipien und die kontinuierliche Weiterbildung sind unerlässlich. Ein umsichtiges Risikomanagement minimiert Verluste und verwandelt sie in Lernmöglichkeiten.

Der Handel erfordert langjährige Erfahrung und Entwicklung, wobei die persönliche Einstellung und Entscheidungsfindung eine zentrale Rolle spielen.

Erfolg lässt sich nicht garantieren, aber durch Geduld, Disziplin und kontinuierliches Lernen kann das Risiko kontrolliert und das Potenzial für positive Ergebnisse erhöht werden.

Ihr spezieller Bonus

Als Dankeschön für Ihr Interesse an **"Wortschatz erweitern XXL"** freuen wir uns, Ihnen einen exklusiven Bonus anzubieten: **"Top-Broker Leitfaden: Ihr umfassender Leitfaden zu den Top 10 Daytrading-Brokern in Deutschland"**.

Dieser Leitfaden bietet Ihnen detaillierte Einblicke und wertvolle Informationen über die besten Daytrading-Broker, die in Deutschland verfügbar sind. Perfekt für alle, die ihr Trading-Wissen erweitern und erfolgreich in den Daytrading-Markt einsteigen möchten.

So erhalten Sie Ihren Bonus:

1. **QR-Code scannen:** Richten Sie einfach die Kamera Ihres Smartphones oder Tablets auf den untenstehenden QR-Code.

2. **Link folgen:** Nach dem Scannen öffnet sich ein Link. Tippen Sie darauf, um zur Download-Seite zu gelangen.

3. **Leitfaden herunterladen:** Folgen Sie den Anweisungen, um den Download zu starten.